前を向く力

なにもない私が結果を出せた理由

愛沢えみり
株式会社voyage代表取締役

SOGO HOREI PUBLISHING CO., LTD

はじめに

平成31年3月29日、30日と、2日間のでき過ぎたラストイベントを終えた私は、11年間にわたるキャバ嬢人生に終止符を打ちました。

歌舞伎町に来たのは20歳の頃です。それまでの私は、全国でも一番じゃないかと思うくらい不真面目なキャバ嬢でした。chapter1で詳しく書きますが、私はそれまでは六本木で働いていました。そこから歌舞伎町に来たのに特別な理由はありません。「とりあえず辿り着いた」というのが本当のところでした。

以前の本では、歌舞伎町に来た理由について「誰にも頼らずに自分一人で生活をするため」なんて書いていましたが、いま考えるとそれはだいぶ良いように書いてしまっていると思います。

振り返れば、当時の私にそこまでの考えはありませんでした。危機感を持ってしかるべきことにもなんとも思っておらず、なにに対しても適当。いまだに私ほど不真面目なキャバ嬢は見たことありません。

未来のことも、仕事のことも、自分のことすら考えていなかった私が、「日本一のキャバ嬢」「歌舞伎町ナンバーワンキャバ嬢」「キャバ嬢社長」といった肩書きで呼ばれるようになったり、雑誌の専属モデルとなり、さらにはモデルとして日本最大級のファッションショーのランウェイを歩かせていただいたり。いまの本業であるアパレルブランドには百貨店や商業施設からの出店依頼や、ファッション誌やテレビの取材依頼をいただくことも増えました。美容や飲食店のプロデュース、商品企画の依頼もいただくようになりました。

このようないまがあるのは、単純に私がラッキーだったからとしか思えません。

それなのに、「成功の秘訣はなんですか?」と尋ねていただいたり、本書のようにビジネス書の執筆依頼をいただいたりしても、「特に皆さんにお話しできるようなことがない」というのが私の本当の気持ちです。

いままでの私は本当になにも考えておらず、全てがいきあたりばったり。いろんなことを考えられるようになったのは、ごく最近のことです。

これまでを振り返ってみて「あの時、こうしたからうまくいったんだな」と結果的に思うことはあっても、そもそも自分の計画や考えがうまくいったことはほとんどありません。

深く考えることもなく、信念もなかった私が偉そうにビジネス書を書くのはおこがましい話です。

本書を書いているいまも、私の考えが合っているか自信は全くありません。

ビジネス書とは本来、最初から起業しようと思って起業するような、いわゆる実業家の人が出すもの。むしろ、私が参考にするべきものです。

しかしキャバ嬢を辞めたいま、自分の人生に一区切り付ける意味でも、いままでの人生でなにか書くとしたら、次のようなことではないかと思います。

「なにも考えられていなくても、結果が出なかったとしても、目の前のことを一つずつこなしていけば、なにかのタイミングで幸運なことがある」

それをただの「ラッキー」と片付けてしまうこともできますが、そもそも「ラッキー」には、単純に偶然だけのものと、努力にタイミングが合わさったときにだけ、たまたま掴《つか》めるラッキーの、2種類があると思います。

そして、この2つのラッキーは掴める確率が全く違います。

偶然だけのラッキーを自分から手にするのはほとんど無理ですが、努力して掴むラッキーは、誰にでも何回でもチャンスがあると思っています。

そして、なにもない私がなにか結果を出すには、タイミングも関わってきます。この努力して掴むタイプのラッキーが来ることを待つしかありません。いつ来るかはわからないけど、とにかく信じて待つ。

だから、私のちょっとした成功は、いずれも計画的ではありません。全てが「ラッキー」です。

勉強もできず、頭も良くない。そのうえ無計画な私にいまがあるのは、このちょっとしたラッキーを待つ方法に、気づくことができたからです。

起業の方法や、営業のスキル、売り上げや年収を上げる方法をお伝えするのは難しくとも、「自分にはなんの取り柄《え》もない」と考えている人や、「仕事のモチベーションがない」という人、「なにをすればいいか、わからない」という方々にも、考え方次第で私のようにきっとラッキーが来ると思います。

このラッキーを掴む方法は、いつの間にか私の頭にあったものでした。それがいつなのかは明確にはわかりませんが、キャバ嬢時代の経験から座右《ざゆう》の銘《めい》となった、2つの考え方が基になっています。

一つ目は、「努力は裏切らない」ということ。

よく、「努力をしても結果が出ない」という人がいます。残念ながら私がしてきた努力は、ほとんど望んだとおりの結果になっていません。だから、努力したからといって、結果が出るものではないと思っています。

しかし、努力をしたという事実が消えることはありません。どんな努力も、「私はここまで努力ができる」という自信になります。望んだとおりでなかったとしても、なにかほかの結果につながると思っています。

最近の私の場合、努力が違う結果として出てきたものにユーチューブがあります。

いま、私はある会社と一緒に、ユーチューブのチャンネルを開設しました。

実は、私は話すことが大の苦手です。一対一の接客はキャバ嬢としてずっとやってきたことなので大丈夫です。しかし、タレントではない私は、テレビに出て話すのは正直ずっと苦痛で、いまでも毎回大変です。

たまに、キャバ嬢がゲストのテレビ番組のために出演者を推薦するキャスティングのお手伝いを頼まれることがあります。キャバ嬢の知り合いに出演を打診すると、「出ます！」と言って、臆することなくテレビでも話しているので、いつも「すごい」と感心しています。

私も仕事のために少しは出演したほうがいいとは思っているのですが、やはり大変。話し方教室に通っても苦手意識から続かずじまい。妹と台本を見ながら話す練習をしても、それでもやっぱり話すのが難しい。トーク番組のレギュラーや深夜ドラマにチャレンジしたこともありますが、結局苦手であることを再認識するだけで、努力の結果は出ませんでした。

そんな苦手意識があったところに、ユーチューブの企画が持ちあがりました。知っている会社の人たちとの収録で安心感がありましたし、ちょうどユーチューブが面白いと思っていたときだったので、試しにやってみることにしたのです。

実際やってみると、自分のペースで収録できましたし、次から次へと言葉が出てきて、意外と話せる自分がいました。

相手の会社の人にも、「話すのが苦手と言ってましたけど、初めてにしてはすごく良かったですよ。すごいですね！」と言われ、とっさに出たのが「テレビより楽に収録できました」という言葉でした。

大変だと思いながらも出ていたテレビのおかげで、ユーチューブの収録は楽しく、楽に感じられました。テレビでうまく話すための努力が、テレビに表れることはありませんでしたが、想定していなかったユーチューブに表れた形になりました。

さらに、いまはユーチューブが流行っています。これが5年前だったら「ユーチューブの収録なんて無理！」と、チャンネル開設はしていなかったはずです。いま私は、動画で話すことへの苦手意識も薄れ、自身のアパレルブランドの商品について、SNSのライブ配信でも商品の説明ができるようになりました。努力の結果が、違う形で表れたのです。

もう一つの座右の銘は、「人間万事《にんげんばんじ》塞翁《さいおう》が馬《うま》」という諺《ことわざ》です。詳しい由来はここでは語りませんが、「人生はなにが良くて、なにが悪いことなのかはわからないもの。幸か不幸の予測は最後まで難しいものだ」という意味です。

私がキャバ嬢として歌舞伎町で少しだけ知られてきた頃、当時インフォレストという出版社から刊行されていた雑誌『小悪魔ageha』にスカウトされました。その前年に「Emiria Wiz（エミリアウィズ）」という自身のアパレルブランドを立ち上げ、雑誌を通じて徐々に知名度も上がっていることを感じていた矢先、その出版社が突然倒産し、『小悪魔ageha』が休刊になるという事件がありました。

露出できるメディアがあるという前提でアパレル事業を進めていた私は、とりあえずなにかしなければと、趣味で使っていたブログに真剣に取り組むことにしました。すると、雑誌に出ていたときよりもブログのアクセスが伸びていきました。おかげで雑誌に頼らずとも自分の人気は自分で作れるかもしれないと考えられるようになりました。

更新の頻度も増やし、アクセスは徐々に伸びていきました。しかし、当時使っていたブログサービスでは、私のブログはほかの『小悪魔ageha』専属モデルたちと違って、ブログ運営企業から公式認定されたブログではありませんでした。

モデルやタレント、有名人はみんな公式認定を受けたブログを使っています。私もと思い、何度か運営会社に問い合わせましたが、キャバ嬢の私のブログが公式になれる気配はありません。最高で月間アクセス数が総合3位になっても、ダメでした。

「モデルなのに、公式認定されないのは恥ずかしい」

そう思って、逃げるように自分で独自のブログを作り、ブログをまるまる移行させました。

独自運営のブログの場合、企業が運営するブログサービスとは違い、ほかのブログから流入してくるユーザーはいません。当時はブログの全盛期だったこともあり、ほかの人のブログからブログに飛んで見るのが普通でしたが、それによるアクセスが見込めなくなったのです。

そこで次に、ツイッターに力を入れることにしました。ブログからブログへという流入が見込めないなら、ツイッターのフォロワー数を増やして自分のブログを読んでもらおうと考えたのです。

アメリカのサービスであるツイッターやインスタグラムはキャバ嬢にも寛大で、公式認定マークもいただけました。いまはそれぞれのフォロワー数も、『小悪魔ageha』のみならず、『姉ageha』（メディアス株式会社）のモデルの中で、一番多くなりました。

このように、良いと思っていたものがなくなったり、悪いと思っていたことが結果的に良くなったりと、人生は予測できません。だから、たとえ計画を立てたとしても、その通りにならないのが当たり前。どんな結果になるとしても毎回全部受け止めて、次につなげようと思うことにしています。

こう思うようになったのは全部自分の経験からです。誰かに教えてもらったり、本を読んで覚えたりしたわけではありません。ほとんどがキャバ嬢時代やモデル時代のいろんな経験から来たものです。

これから紹介する一つひとつのエピソードがこの私の考えの基になっています。その結果、いつの間にか私は常にラッキーを待つようになりました。

胸を張って届けられるようなものではないかもしれませんが、こうした私の経験が、あなたにとってなにかの参考になれば幸いです。

contents

chapter 2

誰かと作る「一番」　63

chapter 3

自分以外を主役にする 129

chapter 4

一番の場所を、誰かのために

chapter

1

頑張るということ

なにがきっかけになるかはわからない

目標もない、やりたいこともない、ただ淡々と過ぎていく毎日。そんな人生を変えるためにはどうしたらいいのでしょうか？

それは、正直私にもわかりません。

ただ、さまざまある要因の一つに「出会い」があると思います。私自身、ある人との出会いがきっかけで、それまでのなにもない人生から、少しずつ変われたのだと思います。たった一つの出会いで、人は変われます。

まずは私が「ダメキャバ嬢」だったときのことを、振り返ってみたいと思います。

当時私は、六本木のキャバクラで働いていました。地元・横浜の高校を卒業してすぐに飛び込んだお店でした。

いまはもう閉店してしまいましたが、当時は六本木でも名の知れたお店で、常に店内も賑わっていました。東京ミッドタウンができたばかりで、六本木という街自体にもすごく活気があった時代です。

そんな恵まれた環境にもかかわらず、当時の私は完全な「ダメキャバ嬢」でした。仕事への情熱はもとより、そもそも出勤すらしていませんでした。出勤しても、良くて週に1回か2回。挙げ句の果てには、勝手にバックレて辞めて、何事もなかったかのように出戻っていました。

そんなことを4度繰り返しても、お店がすごく混んでいたからなのか、私に興味がなかったからなのかはわかりませんが、しばらく在籍することができていました。

そんな私に、良くも悪くも転機となる出来事が訪れます。当時、同棲していた恋人と別れ、一人になったのです。

相手は年上の実業家で、家賃が100万以上もする六本木の高級マンションに住み、一流レストランで1回何万円もする食事をし、欲しいものはどんな高価なものでも買ってもらえました。

それは実家から出てきたばかりの私には、夢のような生活でした。そんな生活が永遠に続くとは思ってはいませんでしたが、深く考えることのなかった私は、この生活が当たり前のものだと思っていました。

彼ともいつかは結婚もするものだと思っていましたし、「キャバクラはいつ辞めてもいい。このまま暮らしていきたい」と思っていました。


ところが、そのうち彼との間に溝が生まれ、ケンカばかり繰り返すようになりました。

結局、2年足らずで破局に至り、快適な暮らしを全て失いました。買ってもらったものは全て置きっぱなしのまま出てきてしまったので、本当になにもなくなってしまいました。

しかしそれにもかかわらず、当時の私は危機感一つ持っていませんでした。「ヤバイ」「この先どうしよう?」とすら思っていませんでした。

以前の本では、「これまでの人生、誰かに頼ってばかりいた。人に頼らないで生きていこうと思った」といった内容を書いていましたが、きれいに書いてしまっていました。実際、当時の私がそこまで真剣に物事を考えることはなかったと思います。確かに私は両親や、先生、友人、恋人など誰かに支えてもらっていた人生でしたが、それが当たり前すぎて、当時は頼っている感覚もありません。「頼っていたな」と感じるようになったのは昼間の仕事を始め、スタッフが増え始めた頃から。それまでは本当になにも考えていなかったのです。

「一人になったからしょうがない、歌舞伎町に行くか」

そのくらいにしか、考えていなかったと思います。
なんの根拠もなく、ただそこに行けばなんとかなるかもしれない。
そう思って飛び込んだのが、歌舞伎町でした。

継続が力になる

　このように、新天地に新宿・歌舞伎町を選んだのには、深いわけがあったわけではありません。当時の勝手な思い込みですが、六本木は「そこまで営業しなくて大丈夫」というイメージがありました。一方、歌舞伎町には「頑張らないと売れない」というイメージがありました。

　六本木には戻りたくないという気持ちもあり、歌舞伎町で働くことを選びましたが、そういうイメージのある街なので、以前よりはしっかりと働かないといけないとは感じていました。

ただ、まったく実績のない私が時給の高い有名店に入れるようなコネはありません。ふつうの女の子と同じように求人広告を見たりスカウト※に頼んだりして、数軒のお店を検討しました。

面接に行っても、私を歓迎してくれるお店はなかなか見つかりません。

「まあ、働きたいならいいけど」

当時はキャバクラで働きたいという人も多かったからか、面接を受けてもそんな扱いでした。

そんな中、唯一私を歓迎してくれたお店がありました。

面接をしてくれた村山さんは「絶対に売れるから、ぜひうちで働いて欲しい」と熱心に誘ってくれました。

村山さんは私より7歳上の小柄な男性で、その後も私の担当※として二人三脚で頑張

※スカウト（マン）……水商売で働きたいという人に店を探したり、仲介役となって条件などを交渉したりする。
※担当……水商売のお店で働くスタッフのうち、接客を担当するキャストをマネジメントし、働きやすいようサポートする男性スタッフのこと。男性スタッフは「黒服（スタッフ）」とも呼ばれる。

ってくださった人です。
入店後、村山さんが私に指導したことはたった2つでした。

①たくさん笑って、楽しく接客する
②毎日、必ず同じ時間に出勤する

村山さんは、決して「頑張れ」という言葉は使いませんでした。それよりも、「楽しく接客する」ということを、私に対しては大事にしてくれていました。売り上げよりも、楽しくお客さまと話すことができればいい。とにかく毎日、同じ時間に出勤するだけでいい。村山さんは私にいつもそう言いました。

言われるがまま、ひたすら毎日20時に出勤し、とにかく笑う。すると、「よく来たね！」「今日もたくさん笑っていたね！　すごく良かったよ」と、村山さんは必ず褒めてくれました。次の日にはすぐに億劫になり、憂鬱になるのですが、行けば村山さんが褒めてくれます。それが私のモチベーションでしたが、私は素直に村山さんの言うとおりに、毎日お店に向かいました。

しかし、これだけ良くしてもらっていたのにもかかわらず、私はすぐに投げ出してしまいます。

入店して1カ月ほどたった頃の12月。キャバクラにとって、最も忙しいシーズンです。ついに私は気力が切れてしまい、お店を休んでしまったのでした。

携帯電話の電源も切って1週間、私はずっと家に引きこもっていました。

それまで学校にすら、毎日通っていなかったのです。毎日同じ時間に、同じ場所に行く。それだけでも、私にとっては初めての経験で、ものすごいエネルギーを使うことでした。加えて繁忙期の忙しさに、すっかり嫌になってしまったのでした。

1週間が過ぎて、もう辞めようかと思っていたある日。村山さんは、突然家まで迎えに来てくれたのです。

「来るだけでいいから来なよ～！」

本来なら、仕事を無断で放り出したのですから、叱られるべきです。しかし、村山さんは怒っているそぶりもなく、優しくそう言ってくれました。

そんな村山さんを見て、渋々ですが、私はもう一度お店に出勤しようと思い、再び毎日お店に出勤するようになりました。


それからの3カ月は、私の中でなにか変わったのかもしれません。12月という時期も良かったのかもしれません。お客さまがつくようになったのです。

そして入店して3カ月後の2月に、私はお店のナンバーワンになったのでした。

更衣室で、自分の名前が一番上に大きく書かれたランキング表を見たときは、とても嬉しかったのを覚えています。

いえ、その瞬間は嬉しい気持ちを素直に感じようとはしていませんでした。みんながいるときにはかっこつけて、いっさい興味のないふりをしていました。

でも実は、ロッカールームに誰もいないとき、じっとその紙を眺めていたものです。

「一番ってすごく嬉しいんだ」

その後しんどいときも、自分が一番なんだというのを思い出すことが、頑張る原動力になりました。

そのときからじわじわと、自分の中で「もっと頑張りたい」「一番がいい」という気持ちが芽生えてきたように思います。

その春には友人たちと以前から約束していた海外旅行が控えていたのですが、それよりもお店に行きたいと思ったほどです。

そんな漠然とした思いはやがて、「歌舞伎町で一番になる」という目標へと変わっていきました。

自分の気持ちに従うこと

歌舞伎町に来て初めて一番になって以降、約1年にわたって、私はお店のナンバーワンでした。その中で次第に、レベルアップしたい気持ちが強くなり、私は別のお店へ移籍することを決めたのでした。

次のお店は私の中で、「ジェントルマンズクラブ」一択でした。

「ジェントルマンズクラブ」は当時、歌舞伎町で一番繁盛していた老舗有名店。私がずっと憧れていたお店です。

しかしお客さまにそのことを話すと、「ジェントルに行くなら、一つ別の店を挟んだほうがいい」と言われました。なぜなら当時私が在籍していたお店と「ジェントルマンズクラブ」では、お店としてのレベルに大きな差があったからです。

その中間くらいのお店に入店し、もっとキャバ嬢としての経験を積み、お客さまも多く作って、最後に「ジェントルマンズクラブ」に入ったらいいじゃないかと言うのです。

でも私は、そのアドバイスには聞く耳を持ちませんでした。

「ジェントルマンズクラブ」で働きたい。一番流行っているお店で働きたい。

その気持ちに従って、私は迷うことなく、「ジェントルマンズクラブ」へ移籍することを決めました。

２００９年12月。21歳のときでした。

人から認められることでなれる「一番」がある

「ジェントルマンズクラブ」に入った当初から、私はお客さまを呼び、順調に売り上げを上げていました。しかも前のお店のときより、はるかに良い数字です。憧れのお店に入ったのです。このお店で、ちゃんと売れっ子として認められたいという気持ちが強くありました。数字だけでいえば、すぐにトップクラスの売り上げを上げていたと思います。

しかし、ことはそう簡単にはいきません。それだけでは「ジェントルマンズクラブ」の看板を背負うナンバーワンにはなれなかったのです。

当時、看板を背負っていたのは、同店に長く在籍していた女性で、長らくお店に貢献してきていた人でした。「ジェントルマンズクラブ」は、売り上げ順位は公開されないしくみでしたが、スタッフや女の子たちからの信頼も厚く、誰に聞いても「ジェントルマンズクラブと言えば◯◯さんだよね」と言われていました。

いま自分にできることに集中する

なぜ実績をあげているのに、認めてくれないのだろう？

納得いかない気持ちと同時に、「憧れのジェントルマンズクラブで認められたい」という気持ちも強くありました。

どうすれば、ジェントルマンズクラブで認めてもらえるのだろうか？　そう考えて初めて、**いくら売り上げをあげていても、ほかの女の子やお店のスタッフから慕われていなくては、認めてもらえない**のだと気づきました。

数字ではなく、人から認められることでなれるナンバーワンがある。

お店とその女性が積み重ねてきた信頼を考えると、いまの自分ではダメなのだと納得せざるをえませんでした。

ならば、自分にできることをやろう。みんなに認められるように頑張ろう。

こうして私は、悔しい気持ちを我慢して、「いま自分にできることを一生懸命やる」ということを学んだのでした。

誰もがすごいと思うような結果を作ろう。

そうして私は、週6日出勤、毎日同伴※……。営業日は1日も休まず出勤しました。

普通は1日1回だけの同伴も、どんどん増やしました。最高はなんと1日4回。お客さまと同伴でお店に入って、途中で抜けて別のお客さまと同伴する。ひと晩に何度も同伴するという、一見すると不思議なことになっていました。

もちろん、それはお客さまのご協力あってできたことです。私の気持ちを理解してくださり、「同伴にしてあげるよ」と、お店の近くで合流して、一緒にお店に出勤していました。そういった当時のお客さまにはいまもすごく感謝しています。

そんな結果を積み重ねるうち、次第に誰もが「ジェントルマンズクラブと言えばえみり」と言ってくれるようになっていました。

そうして入店から2年近くたったある日。ついに、ウェブサイトのトップに掲載されるキャストの写真が入れ替わることになりました。看板を背負っていた女の子も、「えみりちゃんなら」と言ってくれたそうです。

それは、愛沢えみりが、「ジェントルマンズクラブ」の看板嬢になった日。誰もが認めるナンバーワンになった瞬間でした。

しかし振り返れば、その当時はまだ「人から認められる一番」の本当の意味は、わかっていなかったように思います。

誰もがすごいと思うくらいの実績で、認めてもらうことを考えていました。2番の子に倍の差をつければ、誰もが一番と認めるはず――そんなモチベーションでした。

私が本当に「人から認められることでなれる一番」の意味を知るのは、ずっとあとの話です。

※同伴……お店の営業時間前にお客さまと食事などに行き、そこから一緒に来店していただくこと。

全て自分次第

歌舞伎町に行くことにしたのは、自分で決めたことです。誰かにすすめられたわけではありません。

お店も自分で選び、自分の意思で働こうと思いました。1週間ほど休んだこともありましたが、結局は働くことを選んだのも私です。

キャバ嬢の所得は税務上、個人事業主に分類されます。働き方も、会社に雇用されて働く会社員やアルバイトとは違います。全てが自分次第です。お店がキャバ嬢を宣伝してくれたり、サポートしてくれたりすることはあっても、基本的にはお店という場所を借りて、自分でお客さまを呼んで接客する仕事です。

どのくらいの頻度でお客さまと連絡を取るか？　バースデーのイベントをやるかやらないか？　やるならポスターや内装はどうするか？　自分の宣伝にＳＮＳやブログを使うか？　アフターに行くかどうか？　全て自分で判断して、自分で行います。

そして、それらの行動が売り上げという目に見えて分かりやすい数字で表れます。

なにも頑張ったことがない私がなぜ頑張れたのか？　振り返って見ると、この「キャバクラ」という特殊な職場だったことは結果的に「吉」でした。

「出勤すれば、お客さまが増える」「お客さまが増えれば、売り上げがあがる」と、自分自身の行動で目に見える結果がすぐに出ます。それが励みになって、頑張るということができました。

実際には、頑張っても結果が出ることは少ないのが現実です。

しかしこのとき頑張ったことで、頑張る意味と基礎を身につけられたのだと思います。


私はいつの頃からか、**「人のせいにしない」というのを、自分を成長させるためのルールにしていました。**

よく、「お店が合わない」「スタッフが悪い」「お客さまが合わない」と言う人もいます。確かに、そういうこともあるでしょう。しかし、それなら合わないものを変えるよう行動することもできます。ものごとを変えることが難しければ、キャバクラならお店を変えるなど、働く環境を変えることもできます。それも自分次第です。

私は、嫌なことや大変なことがあったときも「自分で招いた結果だから仕方ない」と思うようにしています。

そのうえで**「大変なことは誰にでも起こることだから、こういうときこそ頑張ろう」**と思っています。**大変なときに頑張れば、ほかの人より成長できる**と思うからです。

目標の見つけ方

「お店で一番になる」「歌舞伎町で一番になる」……振り返れば、これまでいつの間にか次々に目標ができていました。

どれも最初から決めていたことではありません。**頑張っているうちに自然と目標が**

見つかりました。

目標と同時に、乗り越えなければならない壁や困難なことも出てきますが、それを乗り越えることで、できることが増えていきます。その一つひとつが、自分の自信につながっていきます。

ただし、なかなか自分の力だけでは乗り越えられないときもあります。そういうときは見栄を張らず、人に助けてもらうこともします。これも自分次第です。

出てきた目標は、どれも単純で明確です。それに対してはまっすぐ、なにがあっても絶対やりきると決めてやってきました。

たまに「目標が見つからない」「夢がない」という相談を受けることがありますが、**目標は目の前のことに真剣に取り組んだときに出てくるもの**だと思います。

真剣ではないときに出てくるものは、目標ではなく願望。

「やりたいことが見つからない」「頑張りたいことがない」という場合、まずは目の前のことを頑張ってみることで見えてくるものがあるのではないかと思います。

自分の好きなことでもいいでしょう。バイトでも、ペットの世話でもいい。それを一生懸命頑張る。いま自分がやっていることで目標を見つける癖をつけ、それを自分なりに達成していくのです。

同じ時間働くなら、嫌な仕事を「イヤだイヤだ」と思いながら働くのと、そうでないのとでは、全然違う結果になると思います。

「今日は昨日より、ちょっと良くする」ことを、毎日続けるということが、「頑張る」ということなのだと思います。

ライバルを作り、ライバルに学ぶ

もう一つ、私が大切だと思っていることがあります。それは、良い意味での「ライバル」を決めること。

たまにライバルがいないことを喜ぶ人がいますが、それでは成長は望めません。

私はどの仕事でも、必ずライバルを設定します。ライバルがいないなら自分で作ります。

これはもちろん、敵対視するという意味ではありません。**「すごい」と思った相手を素直に尊敬し、どうやって相手に追いつき、追い越せるかを考えるということ**です。

たとえば、「ジェントルマンズクラブ」に入った当初は、周りのキャバ嬢みんながライバルでした。当時インフォレストという出版社から刊行されていた『小悪魔ageha』の専属モデルになったときは、周りのモデル全員がライバルと思っていました。

また、アパレルブランド「Emiria Wiz」では、業界有数のブランドをライバルに想定しています。もちろん、会社の規模では大人と子どもほどの差があります。売り上げも全然負けていますし、勝てる見込みもありません。だからこそ、ライバルにしがいがあるのです。

ライバルに追いつき、追い越すうえでは、自分なりの戦い方でいいと思っています。

キャバ嬢というのは、アパレルのブランディングとしてはマイナスに働く要素かもしれません。そこで逆に、キャバ嬢の強みである華やかな世界をあえて見せることで、ライバルのブランドのモデルよりSNSのフォロワーを増やすこともできます。タレントではないので、自分のタイミングで握手会を開催するのも手です。**負けているからこそ、いろんなアイデアが出てきます。「これ以上頑張れない」と弱気になる日も、ライバルを思い出すと、「負けたくない」と思って頑張れます。**

ライバルという目標があるから頑張れる。売り上げや会社の規模では負けているかもしれませんが、私の会社はアパレル以外に、美容やキャバクラ、ドレス販売、PR宣伝……さまざまな事業をしています。ブランド単体では負けてしまうかもしれませんが、いずれ会社の規模では勝てる日が来るかもしれません。

ライバルに想定するのは、自分よりぐっと上のレベルにいる相手がいいと思います。そうでなければ、どこかで「これくらいでいいや」という、妥協が生まれてしまいます。

ここまで書いて、ライバルとは、他人に映し出した自分なのだと思いました。

自分で決めたことを自分でやめたくない。自分の可能性を、自分で諦めたくない。「自分に負けたくない」という気持ちが、一番への原動力だったのだと思います。

仕事モードの自分に切り替える

キャバクラに休まず出勤していた私ですが、体力だけでなく、精神的に大変だったこともあります。

キャバクラは非日常の空間です。華やかな雰囲気の店内ですが、女の子が接客し、お客さまが接客を受けるという関係上、まれにお酒が入るとタガが外れる方もいらっしゃいます。見た目に関することを指摘したり差別的な発言をしたりなど、普段なら人に言わないような常識外れのことを言う方もいらっしゃいます。もちろん、キャバ嬢は立場上言い返すことができないので、言われるがままになってしまいます。

私はあまり気にならなかったのでストレスを溜めにくかったのですが、さすがに言われて嫌だったのは、「アフターに来ないなら、工場を潰してお前が服を作れないようにしてやる！　そのくらい俺は簡単にできるんだからな！」と言われたとき……。

そうしたことがあっても、次の日には変わらず出勤できたのは、仕事では普段の自分とは別人の「愛沢えみりモード」に切り替えていたからです。

もし、普段のままの自分なら、ダイレクトにストレスを感じていたことでしょう。でも、意識して切り替えていたので、嫌なことに直面しても心に刺さってこないのです。バリアを張っているようなイメージでしょうか。


仕事モードに切り替えるには、ちょっとしたコツがあります。それは、切り替わるための、自分なりのルーティンを作ることです。

私の場合、出勤前にヘアセットをしているときに「キャバ嬢・愛沢えみり」に切り替わっていました。それに、たとえ落ち込んだときや、出勤したくないと思ったときでも、かわいいヘアとお気に入りのドレスを着ることで、テンションが上がり、「今日も1日頑張ろう」という気持ちになりました。

自分の「見た目」はとても大事だと思っています。**見た目が普段のままなのに、気**

持ちだけ切り替えるのは至難の技です。

ヘアも服もそうですし、靴もそうです。

私の場合、ヒールのない靴を履いて接客しても、気合いが入りませんでした。高いヒールを履いて初めて、気持ちが引き締まったのです。

見た目のこと以外では、よく歯を磨いていました。出勤する前は、普段より丁寧に歯を磨くのです。これも、「仕事モード」へと切り替える「スイッチ」になっていました。これはキャバ嬢を辞めてからも続いています。

この切り替えがうまくいくようになると、大概のことでは精神的には疲れません。腹立たしいことがあったとしても、嫌なことがあっても、気持ちを切り替えることができます。

気持ちを切り替える「スイッチ」になるものは、見た目のことかもしれませんし、私にとっての歯磨きのような「なにか」かもしれません。そういう自分にとっての、スイッチになるようなものが、誰にでもきっとあると思います。

ぜひ皆さんも、「仕事モード」に切り替わる自分なりのルーティンを探してみてはいかがでしょうか。

「自分」を主語にしない

私のお客さまには、本当にさまざまな方がいらっしゃいました。客層に全く偏《かたよ》りがないのです。会社員の方から、社長さん、夜のお仕事をしている方まで。年齢も、若い方から高齢の方まで、幅広くいらっしゃいました。

私には苦手なタイプがないのです。気難しい人やあまり話さない人、たとえいじわるなことを言う人でも、楽しい時間を過ごせました。

振り返ってみると、私が心がけていたことには次のことがありました。

良いところを見る

キャバクラでは毎日新しいお客さまと出会います。初対面のお客さまに対しては、必ずその人の良いところを探します。悪いところはいっさい見ません。

良いところを見つけたら、そこを褒めるように心がけます。どんな人にも、絶対に良いところがあります。

褒めるのは、顔や体型、髪型などだけではありません。持ち物や服装、声に話し方……。「外見」に関わることでもたくさんあります。さらには、その服装や持ち物を選んだ「センス」。そのセンスを作り上げた「考え方」も褒めるポイントになります。

特に持ち物を切り口にすると、会話が広がりやすいと思います。なぜなら持ち物というのは、自分が選んだもの。それを切り口にすると、その方も自分のセンスや考え方を話してくれやすいのです。

「外見」から広げて考えて、その人を作り上げた「背景」にまで目を向けると、その人のことを深く知ることができ、関係を深めることができます。

相手に合わせる

次に「とことん相手に合わせる」ことが大切です。相手に合わせると、関係づくりがスムーズになります。

ノリの良いお客さまには自分もノリ良く。優しいお客さまには優しく。アドバイスや意見を話されるお客さまには、耳を傾けて「勉強になります」とお礼を言います。たくさん飲んで盛り上がりたい方とは一緒に盛り上がりますし、静かに飲みたい方とは、自分も静かにします。

相手に合わせようとするうちに、だんだんその人がどういう人なのかがわかってきます。最初は難しくても、毎日それを繰り返していくことで、初対面でもすぐにお客さまがどういった方なのかを判断できるようになってきます。

私は日本全国の売れっ子キャバ嬢と交流がありますが、長く売れている子は、この相手に合わせるスキルが高いです。みんな、**その場の空気を読むのがとても上手。**このスキルを持っていない子は、一時的には売れても長続きはしていません。

相手に合わせて装う

自分を主語にしないというのは、言動だけではありません。見た目も重要なポイントです。

キャバ嬢は勤務時間以外にも、お客さまと食事に行くことがあります。同伴は売れっ子キャバ嬢なら当たり前。出勤前にお会いするので、服装は私服です。

当初の頃は、Tシャツにデニムパンツなどのカジュアルな格好で同伴していたこともありました。しかし、お客さまから「なんでその格好なの？」と聞かれたことがありました。

お客さまとの食事では、良い場所に連れて行っていただけることも多く、確かにカジュアルすぎる格好では場違いです。

いろんな格好を試して気づいたのは、**きれいめのワンピースであれば、どんな場所でも対応できて、不快に思われる方もほとんどいない**ということでした。

髪型であればストレートのロングヘア。これもワンピース同様、不快に思われることがめったにありませんでした。これが絶対ではありませんが、全国の売れっ子キャバ嬢に多いスタイルだと思います。

お客さまは自分の鏡です。「類は友を呼ぶ」という諺がありますが、まさにそのとおりです。

清楚でおとなしいキャバ嬢には、落ち着いて飲むのが好きなお客さま。盛り上がるのが好きなキャバ嬢なら、同じように元気に盛り上がるお客さま。品位のあるキャバ嬢は、品位あるお客さま。

お客さまがどんなキャバ嬢を好むのかは、見た目でほとんどわかると言っていいと思います。

自分が求めるお客さまに指名していただき何度も来店いただくには、接客の技量も必要ですが、まずは第一印象でどれだけ好印象を与えられるかが大切です。

そのうえで、不快に思われる可能性が最も低いのが、ストレートのロングヘアとワンピースの組み合わせでした。売れっ子を目指すのであれば、私がおすすめしたいスタイルです。

ふさわしい装いが、立場を作る

自分の好きな格好をするのも個性があって良いことだと思います。しかし、接客という仕事を選んだ以上は、相手に合わせるのは私なりのマナーです。

売れる子の条件として、性格や見た目もあると思いますが、**「着るものによって、男性からの扱われ方が徐々に変わってくる」**ということもあると思います。

働いているうちに売り上げが上がっていく中で、自分自身の持ち物や見た目が変わっていきます。すると、自然にお客さまもより高級なお客さまになっていきます。お店でも高級なドレスやアクセサリー、バッグ、靴を身に着けるようになります。そういったキャバ嬢を指名するお客さまも、高級なお客さまという好循環が生まれます。

キャバ嬢に限らず、多くの女性にはこうしたことは当てはまるのではないでしょうか。極端な例ですが、叶姉妹と食事に行くなら高級な有名店でワインやシャンパンを頼まねばという気持ちになりそうですが、Ｔシャツにデニムのキャバ嬢となら、どこで食事してもいい印象がします。

必ずしも高級なお店に行く必要があるということではありません。しかし、装いで扱われ方は変わるものです。

勝手な先入観で人を判断しない

良いところだけを見て、相手に合わせていると、先入観で相手を判断することがなくなります。それが結果的に、幅広いお客さまと良い関係を築くことにつながっていたのだと思います。

最初の印象で、相手がどういう人なのかを決めつけてしまうのは、自分のためになりません。

以前、お酒は注文せず、お水しか飲まないお客さまがいました。

そういうお客さまの場合、「売り上げにならない」ときちんと接客しない人もいます。実際、当時のお店では、そういうお客さまの接客はしたくないと愚痴をこぼす女の子たちがいましたが、私はなにも気にせず、ほかのお客さまのときと変わらず楽しく接客させていただいていました。そういうお客さまに飲み物などを自分からお願いすることもありません。お水で乾杯していました。

しかし最終的にその人が、私のバースデーイベントで人生初のシャンパンタワーをしてくださいました。

もちろん、そんなことばかりは起きません。むしろ、なにかになることのほうが少ないでしょう。

しかしもし、私が勝手にその方がどういう方なのかを決めつけて、きちんと接客していなければ実現しなかったことです。

シャンパンタワーは不思議なもので、一度やるとキャバ嬢としての価値が変わります。周囲の見る目が変わります。その地域のキャバ嬢の間で、「あのお店のあの子が、シャンパンタワーをやったらしい」と噂になります。自分自身にも売れっ子とだという意識が芽生え、仕事へのモチベーションが上がるという好循環が生まれます。

もし、このときのシャンパンタワーがなければ、ここまで私が頑張れたかどうかはわかりません。

自分の損得で人を判断しない。少しの印象だけで、相手がどういう人かを決めつけない。

へたな計算は、全ての可能性を消し去ってしまいます。フラットに相手を見て、相手に合わせていくことは、自分の可能性を広げてくれるのではないでしょうか。

立場を忘れない

とはいえ、私が常にそうできていたかというと違います。

いま思い出すのも恥ずかしいのですが、昔は頭に来て、お客さまと大ゲンカになったことも一度や二度ではありません。

お客さまが怒ってしまい、売り言葉に買い言葉で言い返したら、お金を投げつけられて、帰られてしまわれたこともあります。お客さまの言葉に私が怒って、お客さまに水をかけたこともあります。その頃は、私も怒るととことん怒ってしまっていたので、とんでもない暴言が飛び出てしまったこともありました。

私がやっているのは接客業です。いくら親しくなったとしても、売り上げをあげて有名になったとしても、相手は「お客さま」です。

そもそも、そうやって**腹が立つのは、プライドのせい**です。**「私はすごい」と勘違いしていると、対応を誤ります。すごいのはお金を払うお客さまのほう**です。接客業では絶対に、そのことを忘れてはいけません。

キャバクラという空間は特殊な場所で、どちらがお客さまなのかわからない接客をしている子もいます。

しかし、自分の立場を忘れないようにすることが大切です。

文句を言ってしまうのは最も良くありませんが、細かなことでは次のようなこともあります。

たとえばお客さまが「最近、仕事が増えちゃって大変なんだ」と話していたとします。

「仕事が増えて大変」というのは、言い換えれば相手は仕事を頑張っているということ。しっかり話をお聞きしたうえで、「大変ですね、でも、仕事がうまくいっていそうで、うらやましいです！」とねぎらうべきでしょう。

そこへ「わかります！　私も……」と、自分の話をし始める人がいますが、それは厳禁です。「わかります」とは、相手と同じ目線に立つセリフです。キャバ嬢はお金を払っていただく立場なのですから、いくら親しくなったと感じても、お客さまと同じ目線に立ってしゃべってはいけません。

自分の立場をしっかり理解していれば、謙虚に対応できますし、「自分」を主語にすることがなくなります。「自分はこうだから」「自分はこうしてほしいから」といったこだわりがなくなるので、自分のすべきことだけに集中できます。

これらのことを実践してきたからこそ、心折れることなく、キャバ嬢の仕事を続けてこられたような気がします。

皆さんにも、苦手な上司や取引先、苦手なお客さまがいるかもしれません。

そういう人とコミュニケーションを取らなければいけないときは、まずは自分のプライドを見直してみましょう。すると、仕事だと割り切れるようになり、気持ちが楽になります。

「どうして自分が合わせなくてはいけないのだろう?」と思うかもしれません。

しかし、そんなプライドは持っていても結局自分が損するだけではないでしょうか。

持つべきプライド、捨てるべきプライド

これまで、私が接客で心がけてきたことをご紹介しました。そのおかげか、私には苦手なタイプもありませんが、「嫌いな人」もいません。人を嫌いになるという感覚がよくわからないというのが正直なところです。

もちろん、嫌なことを言われれば、腹が立つこともあります。でもそれは一瞬のこと。「ずっと嫌い」「ずっと憎い」という人は一人もいません。

以前、あるお客さまとの関係がぎくしゃくしてしまったことがありました。

きっかけは、とても些細なことでした。誤解で相手がすっかり怒ってしまい、「も

う連絡してくるな！」というLINEが届いたのを最後に、連絡が途絶えてしまったのです。すぐさま電話をかけましたが、いっさい出てくれません。さすがに私もむっとしてしまいました。

それから2週間くらい経った頃、ふと思い立って「今日、ご飯に行きませんか？」と送ってみました。すると、しばらくして返信がありました。

「よく連絡してこられたね」と、ちょっと驚いていました。「既読がついたから！」と返すと、「切り替えがすごいね」と、まんざらではないようでした。こうしてその夜、同伴してくださったのでした。

過去のいきさつを気にせず連絡するのは、お客さまに限りません。アパレルの仕事で関係がこじれてしまった方にも、「あなたとはもう仕事しない」と言われてしまった人にも、仕事をお願いしたいと思ったらすぐ連絡します。私と一緒に働くのが嫌で会社を辞めた人にも、思い立てば「ヤッホー、元気？」とメッセージを送ります。

もちろん、冷却期間を置くことは大切です。相手の気持ちも冷めやらぬときに連絡しては、相手の気持ちを無視してしまうことになります。

連絡して断られても無視されてもいいのです。とにかく自分から連絡をとってみること。断られたなら、「どうしてもお願いしたいのですが、お願いできませんか？」と素直に聞きます。

トラブルがあると、「もうこの人とは付き合えない」と思うかもしれませんが、**自分から可能性を断ち切るのはもったいない**と思います。

自分のやるべきことに集中する

会社の人に、このように言われたことがあります。

「相手にどう思われるかに怯えず、どんな人にも連絡できるのは、えみりさんの一番すごいスキル」

たしかに私には、「相手に◯◯と、思われてしまったらどうしよう！」という発想はありません。空気は読みますが、自分が相手にどう思われるかは、いちいち気にしません。プライドがないのです。

連絡して、もし相手から返事がきたらラッキー。**返事が来なくても、すでにマイナスなものがマイナスのままなだけ。それは、ただの「現状維持」です。**


もともとは、キャバクラで働くうえで、自分がお客さまにどう思われているのか、くよくよ気にしていてもしょうがない！　というのが土台にあります。

キャバクラでは、本指名で来てくださっていたお客さまが、次の日から突然、別の女の子を本指名に変えてしまうことも少なくありません。そのときに、「なにか気に障ることをしてしまったのだろうか？」と過去の自分の接客を反省しても、引きずって気にしていては話になりません。思い詰めずに切り替えるのが基本です。むしろ、私以外に指名された子が「なぜ指名されたのか」を考えて、自分の成長につなげるくらいの余裕を持つほうがいいと思います。

中には腹立たしい言動をされる方もいて、「お客さまに、こんなことを言われたんです！　もうあんな人来なくていい！」と腹を立てる女の子がいます。

しかし、なにかあるたびに怒っていては、自分も疲れてしまいますし、そういった感情はほかのお客さまへの接客にも表れてしまうものです。

誰かと険悪な関係になってしまうと、自分からは連絡しづらいかもしれません。しかし一番大切なのは、自分の「○○したい」「○○になりたい」という、その気持ちです。

目標のために、自分のすべきことに集中すること。「○○と思われたらどうしよう」と気にしすぎるのは、目標の妨げになってしまいます。

いまは、関係を悪化させない努力をしたほうが早いと思うようになったので、昔のように誰かとの関係がこじれてしまうことはなくなりました。単純に良いか悪いかで考えたら、関係を良くしたほうが得です。

人との関係を悪くするのも自分ですが、良くするのも自分です。そのうえで、**余計なプライドは、自分の可能性を狭めるだけではないでしょうか。**

chapter

2

誰かと共に作る「一番」

新しい世界との出会い

２０１１年９月。23歳のバースデーイベントの２日後、私は初めてファッション誌『小悪魔 ageha』の撮影に挑みました。２０１１年10月発売の雑誌で、３ページにもおよぶ特集を組んでいただくことになったためです。

もともと雑誌に出るということには消極的で、何度か断っていました。しかし、キャバ嬢としての私の頑張りが記録に残るということと、「特集の１回だけなら良い機会だし、お客さまも増えるかもしれないよ？」と言ってくださったお客さまもいて、出てみることにしました。

そこで、それまで「夜の世界」しか知らなかった私は、全く違う世界を経験することになりました。

そう言うと大げさかもしれませんが、学校も適当にしか通わずじまいで、社会人として働いたことのなかった私にとっては、初めて体験する「昼の世界」。世間で一般的に言うところの「社会」という世界でした。


初めて触れた「昼の世界」はなにもかもが新鮮。印象的だったのは、働いている人の仕事に対する姿勢の違いです。

キャバクラは個人プレーの世界です。自分が売り上げをあげること、自分が一番になること、自分のために一人で頑張る世界です。

だから、まとまっているようでバラバラ。お店も、おのおののキャバ嬢が売り上げをあげるために協力することはあっても、一つの目標に向かって全員で協力するということはありません。**みんなでなにか一つのものを作るというのは、私にとって初めての経験でした。**

また、仕事に対するモチベーションが全然違いました。

あとから知るのですが、雑誌作りを通じて触れ合った人たちは、「最高の写真を撮りたい」「良い雑誌にしたい」という気持ちに溢れていました。そのために、準備などの丁寧に時間をかけているだけでなく、私を含め、モデルたちにも優しく接してくださいました。

みんながこの仕事を「好き」という思いでやっていることなのでとても楽しそうで、同じ撮影でもキャバクラのそれとは全く違いました。

このように働く方々の姿を目にして、ただただ「すごい」と思うのと同時にすごくすてきだと感じて、新しい世界にわくわくしていました。

この新しい経験は、次の新しい世界への扉を開いてくれました。

雑誌に出ると今度は、業界大手のドレスメーカー企業から、私にある誘いが飛び込んできたのです。

「キャバ嬢向けのドレスブランドを一緒にやりませんか？」

新しい世界に飛び込んだばかりで、わくわくで心がいっぱいだった私は、深く考えることなく、挑戦することにしたのでした。

しかしこれが、大きな学びをもたらしてくれる貴重な機会になったのでした。

「心から好き」なものだけがうまくいく

最初に立ち上げた、キャバクラで着るためのドレスブランド&ショップでは、私がセレクトしたドレスと自分でデザインしたドレスを、インターネット上で販売していました。

誘われた当初は正直、キャバクラ以外の仕事が自分に務まるとは思っていませんでした。でも、一般のお洋服は難しくてもキャバクラで着るドレスならば、普段から着ています。それなら自分にもできるかもしれないと思い、チャレンジすることにしたのです。

当時は軽い気持ちだったので、3年経ったら結婚して、表舞台から身を引こうと考えていました。

しかしいざオープンしてみると、売り上げは初月から400万円。その後は平均して月に1500万円を売り上げていました。当時、一個人によるプロデュースで、インターネットだけで展開するブランドとしては、異例の売り上げだったそうです。

この結果に、「キャバ嬢でドレスを売っている子がいないからたまたまだろう」と言う人もいました。「業界大手のドレスメーカーの力があったからだろう」と言う人もいて、長くは続かないだろうと言われていました。

しかし条件が揃っていても、一枚も売れないことだってあります。実際にほかの売れっ子と言われるモデルを起用したブランドやショップでも最初からそこまでは売れていなかったそうで、その後もほかの会社やメーカーさんからもオファーをいただくようになりました。

なぜ、うまくいったのか？

それは、私が好きで投稿していたＳＮＳのおかげでした。

「下心」ない投稿が心を掴む

私はこのドレスの仕事を始めるずっと前から、ブログやSNSに、自分がその日お店で着たドレスの写真を載せていました。出勤したら、必ず鏡で自分のドレス姿を撮影し、「これから出勤♡」と投稿していたのです。お気に入りのドレスを着ることが嬉しくて、「これを着て、今日も頑張ろう」という気持ちを高めていたのです。

ブランドのために選んだドレスも、自分が本当にかわいいと思って選んだもの。当然嬉しくてお店で着て、SNSに同じように投稿していました。

「このドレス、かわいい」「好き」という単純な気持ちで続けていた投稿でしたが、何年も続けていたものでした。**いま振り返れば、そんな流れがあったので、SNSを見てくださっている方に、愛沢えみりの「世界観」がすでに浸透していて、ブランドの商品もすんなり受け入れてもらえたのではないかと思います。**

加えて、そのドレスを着て仕事を頑張っていることも、見ていた人は感じ取ってくれていたのです。それで、**商品やブランドに一種の「ストーリー」が生まれた**のです。単に「かわいいから買う」というより、「これを着て、私も仕事を頑張ろう」と思って買ってくださる人がたくさん現れたのです。

好きで続けていたＳＮＳが、このような可能性を開いてくれるとは思っていませんでした。**なんの意味もないような努力が、タイミングと合わさってうまくいったことの一つでした。**

ＳＮＳがすっかり浸透したいま、「下心」のようなものは、すぐにわかってしまいます。だからこそ、自分が本当に好きだと思っているもの、心を込めたものが伝わります。

自分の商品をお客さまに買ってもらうには、大前提として、心から「良い」と思えるものを作ることが大切です。心から良いと思うものなら、自分でも使いたくなりますし、まわりの人にも「これ、いいよ！」と熱心にすすめたくなります。

そうではないものを、「フォロワーが多いから」という理由で、ＳＮＳで紹介する人も増えましたが、それでは伝わりません。見ている人にはわかってしまいます。

余談ですが、当時お店で撮影していたのはトイレの鏡でした。しかも、男子トイレ……。本当は入ってはいけないのですが、なぜか男子トイレの鏡のほうが「盛れた」のです。本来ポスターも貼ってありましたが、毎回自分で剥《は》がして撮っていました。いまも「ジェントルマンズクラブ」に遊びに行くたび、懐かしくて男子トイレで自撮りしています。

トイレのポスターも、まだ貼ってあります。しかもサイズが大きくなっていました（笑）。

「誰とするか」が大事

実はドレスブランドと同時に、いまに続くアパレルの仕事もスタートしていました。もともと3年でやめようと思っていたので、できることはできるうちにやっておこうと思ったからです。

しかし、アパレルブランドを立ち上げる準備を進める中で、徐々にその仕事が楽しくなってきて、2013年7月、アパレルブランド「Emiria Wiz」を立ち上げます。キャバ嬢の夜の世界から、本格的に昼間の仕事にシフトするきっかけとなったブランドです。24歳のときでした。

正直なところ、キャバ嬢向けのドレスブランド&ショップはとても成功していたように思われると思います。実際、売り上げも順調に推移していましたし、楽しさもありました。

しかし、このキャバ嬢向けのブランドは残念ながら、2014年2月をもってやめることになりました。ブランドに誘ってくれた業界大手のドレスメーカーとの間に、埋められない溝のようなものができてしまったことが原因です。

始める際は互いに対等だという約束で一緒に会社を作り、代表取締役も二人が務める「共同代表」という形を取っていました。

ただ、経験のある人とない私では実質的に公平な関係にはなれません。なにも知らない私は、重要なことは全て相手に委ねていました。そのうち最初に交わした約束も次第に守られなくなり、関係が少しずつおかしくなってきました。

不信感が決定的になったのは、最初からキャバ嬢向けドレスとは別に作ると言っていた「Emiria Wiz」をやめるよう伝えてきたこと。さらに、その会社と親しい会社からも「業界は狭い、アパレルなんてやらせない」とも言われました。

会社を作ったばかりだった私はその言葉にびっくりしてしまい、どうしようか悩みましたが、これで潰されるくらいのブランドなら潰れても仕方ないと思い、そのまま「どうにでもしてほしい」と伝えました。

いま振り返ると私も未熟で、仕事をするということがどういうことなのかを理解していませんでした。

商品や売り上げも大事ですが、人間関係や「誰と仕事をするか」はそれ以上に大事だと学びました。

甘い話に惑わされない

思えば、このドレスブランドは誘われて始めたものです。自分主体で「やりたい」と言って始めたものではありません。「誘われて始める」ということの経験は、とても貴重なものになりました。

なにかを持ちかけられるというのは、持ちかけた側には必ずメリットのある話です。

そして、それをお互い同じ関係でやるというのは、そもそも対等な関係でないと成り立ちません。キャバ嬢としては一定の実績があっても、社会人としては駆け出しだった私が、相手と対等な関係で仕事ができるはずはありませんでした。

まれに本当に親切で「なんでこんなに助けてれくるのだろう？」と首を傾げたくなるような優しい方もいますが、ほとんどの場合、無償でなにかをしてくれることはありません。

いまでこそ良いことも悪いことも経験し、なにが正しくてそうでないのか少しは判断できるようになりましたが、なんの経験もない当時の私には判断基準がありません。

なにか仕事を持ちかけられたら、**相手が提案してくれた内容が本当に自分にもメリットになるのかどうか**を判断することが大切だと思いました。一緒に仕事をする場合は、**ずっと一緒にやっていけるかどうか**を考えないとなりません。

もちろん、仕事はどちらか片方ではなく、お互いにメリットがあることで成立します。ただし、そのメリットがどのくらいのものなのか、お互いに対等な関係性なのか、対等でない場合はそれでずっとやっていけるのかを判断しないと、一緒にやるべきではないと思います。

世の中には、いろんな「良い話」を持ちかけられるときがあります。しかし、その「良い話」は相手にとって「良い話」です。そのことに気づいていなかった未熟さから、私は結果的に一つ失敗をしてしまったのでした。

このような経験をしながら、雑誌やクライアントからの広告撮影、商品開発など、キャバ嬢以外の仕事にも携わるようになっていきました。

この頃から、キャバ嬢として働ける期間には限界があること。昼の仕事はそれ以上に長くできるということを感じ取るようになったのでした。私はそれまで結婚も含め、キャバ嬢の仕事を終えたあとの人生について、真剣に考えたことはありませんでした。

しかしアパレルの仕事と出会い、その楽しさに触れて、24歳以降は徐々に昼間の仕事に取り組みたいと思うようになりました。

そして2014年9月、24歳のバースデーイベントを最後に、キャバ嬢一本の生活から、昼間の仕事を中心にしていくのでした。

困難を乗り越える支えになったもの

自ら立ち上げたブランドの名前「Emiria Wiz」は、「EMIRI AIZAWA」の文字を組み換えたアナグラムです。

キャバクラは私のルーツ。キャバ嬢ブームが下火になっていた頃でしたが、あえてキャバ嬢であることを隠さず、キャバ嬢の源氏名である愛沢えみりのまま成功したいという、私なりの思いを込めました。

chapter1で「ライバルを決めること」が大切だと書きましたが、「Emiria Wiz」の「ライバル」として最初に設定したのは、「ギャル系の雑誌に載っているブランド全部！」でした。もちろん勝てる要素はありません。会社の規模も経験も違います。しかし、そこにはキャバ嬢としての、ある対抗心がありました。

「仲間」にすら対等に見てもらえない

私が『小悪魔ageha』の撮影に参加するようになったその頃、誌面に登場するのは、キャバ嬢ではないモデルばかりでした。

キャバ嬢が登場するのは、必要のある数少ないページだけ。その背景に、私は「キャバ嬢がモデルなんかできっこない」という空気を感じていました。

キャバ嬢向けの浴衣、キャバ嬢向けドレス、キャバ嬢向け不動産、キャバ嬢向け求人……。雑誌には、キャバ嬢をターゲットにした広告が多数掲載されていました。しかし、広告を出稿しているクライアントから「キャバ嬢より、モデルを起用したい」と言われることが多々ありました。しかし商品は、「キャバ嬢向けに販売したい」とクライアントは言います。

確かにポージングなど写真の撮られ方という技術面のほか、広告としてのイメージも、プロのモデルのほうが良いのだとは思います。

しかし、**キャバ嬢向けの媒体で、キャバ嬢に向けて宣伝をするのに、媒体の作り手も広告出稿主も「キャバ嬢を起用しても意味がない」として見下すような空気感自体に、私はどこか納得がいきませんでした。**

いまでこそ、キャバ嬢のイメージは上がっているかもしれませんが、当時のイメージは「格下」。同じマーケットを盛り上げる「仲間」であるはずの環境でも、戦力として認められず、むしろ見下されるという状況だったのです。

アパレルを始めたときには、こんな言葉ばかり言われました。

「キャバ嬢にアパレルなんて無理でしょ」

「キャバ嬢だから、どうせなにやってもダメ」

「キャバ嬢だから」と、可能性や未来を最初から全て否定される言葉ばかりでした。

それが本当に悔しく、納得いきませんでした。

確かにキャバ嬢という仕事は社会的に堂々と誇れるものではありません。内実、一般的な社会人とは違う感覚を持った人も多いかもしれません。だから、私は世間一般的にあるキャバクラに対する先入観やイメージに関しては仕方ないと思っています。それに対して、「キャバ嬢だって大変だ」「キャバ嬢は簡単な職業じゃない」と言うつもりはありません。

しかし、キャバ嬢向けに商品を販売している人や、キャバ嬢向けの広告を作っている人たちにまで、そのように言われるのは納得できないと思ったのです。

キャバ嬢にはキャバ嬢の文化があります。それぞれの地域で、それぞれのお店にナンバーワンがいます。綺麗な先輩や仕事のできる先輩、尊敬できる先輩に憧れて、あの人のようになりたいと思ったり、あの子には負けたくない、一番になりたい、と思って頑張っています。それでもうまくいかなくて悔しかったり、心を病んでしまって出勤できなかったり……。日本全国全てのお店に、そうしたドラマがあります。**そのドラマの一つひとつが、「キャバクラ」という数十年続いている文化を作っています。**

これまで何人の人が働いて、引退していったのかはわかりません。しかし、そうした人たちのおかげで、いまのキャバクラがありますし、いまの私がいます。

だから、私はモデルとしては力不足でも、キャバクラ業界のことならモデルにいっさい引けを取らないと思っています。

このような、キャバ嬢を下に見るような風潮が蔓延《まんえん》している状態が嫌で、後に「maison de beauté」というウェブサイトを作りました。その話はまたあとで書きたいと思いますが、こうした風潮に負けたくないという思いがその後、困難を乗り越えるうえで力になりました。

自分のすべきことに集中する

そんな誰もが反対する中で、一人だけ「やってみなよ」と背中を押してくれる人がいました。その人の言葉で、「Emiria Wiz」は始まります。

すると、ブランドを立ち上げると今度は、嫌がらせや悪い風評を広げる人たちが現れました。

「Emiria Wiz」とは取り引きしないよう働きかけられたり、同じようなデザインのアイテムを雑誌に掲載されたり、ウェブサイトも似たようなデザインにされたり。私と仲の良いモデルを起用して撮影しているのを見たときは、ショックを受けたのを覚えています。

でも、ここで辞めたら、「ほら、やっぱりキャバ嬢には無理だったじゃん」と言われるのは目に見えています。「キャバ嬢しかできなかったね」と言われるのも悔しい。「負けたくない」という思いが、これらを乗り越える原動力となりました。

自分が作りたいものに専念して、気持ちを切り替えよう。周りが障害だらけでも、自分のすべきこと、自分が達成したいことに集中しよう。

それでも、「もう嫌だ！」と投げ出して、家に帰ってきてしまう日もありました。

しかし、私は「昼間の世界」では初心者です。**遠回りをしているかもしれないけれど、乗り越えればきっと良いことがあるはずだ**と、気持ちを持ち直しました。

そうしてコツコツやっていくうちに、「Emiria Wiz」で一緒に働いてくれる人、応援してくれる人が少しずつ増えていきました。

嫌がらせは結局、3年ほど続きましたが、あるときぱたりと止みました。いくら嫌がらせをしてもなくならない私たちの会社を認めてくれたのか、意味がないと悟ったのかはわかりません。しかし、ある日突然止みました。

それどころか、何事もなかったかのように「一緒になにかやりませんか？」と言ってきた会社もありました。世の中には本当に不思議な人がいるのだと思ったと同時に、昼間の世界は夜以上に怖いとも思いました。

嫌がらせをしたり、人を陥れたり、裏切ったりすれば、必ず自分に返ってくると私は思います。そういう人の周りには、やはりそのように振る舞う人が集まっていて、同じようにその会社の文句をほかの会社に流言しています。たとえば、ライバル会社に就職して、情報を流されたりすることもあるそうです。

だから私は、どんなに嫌なことがあっても、**相手を攻撃することだけはしない**と決めています。**そんな暇があるなら、自分たちを良くするために時間を割いたほうが、よっぽど良い**と思っているからです。

これらの経験は、私の視野を大きく広げてくれました。

考えてみれば、普通の会社でも嫌がらせや攻撃というのはあります。大企業でも同じようなサービスや商品を提供することがあります。知り合いなら喧嘩になるようなことも頻繁にあります。

また、仲が良いと思っていたモデルたちが、私たちに嫌がらせなどをしていた企業の撮影を引き受けていたことについても、考えが変わりました。そのときは裏切られたような気持ちにもなりましたが、それは私が未熟だったと思います。彼女たちはモデルとして仕事を受けただけです。そこに対して怒るのは筋違いです。

そうしたことに気づいたときから、人のことは気にせず、自分は自分のすべきことに集中し、自分と自分の会社の成長に全力を注ごうと思いました。

肩書きよりも「なにをするか」が大事

「Emiria Wiz」を立ち上げた翌年、私は「voyage」という会社を立ち上げました。voyageは「旅」という意味。人生は旅みたいだと思って付けた名前です。ここから私の社長としての「旅」が始まりました。

私の会社には、次のようなビジョンがあります。

「世界中の女性に勇気を与える」

これは、私がキャバ嬢として駆け出しの頃、お店に行くのが嫌な日や、お客さまがいなくて落ち込んでいたときの思いが発端になっています。

かわいいヘアやお気に入りのドレス、アクセサリーを身に着けて鏡を見たとき、「かわいい」と思えるとテンションが上がって、「今日も頑張ろう」と思えました。そういう**「かわいい」がくれる勇気や力を届ける企業になりたい**と思ったのです。

ただ、最初から会社を作ろうとは思ってはいませんでした。会社を立ち上げたのは、人を雇ったり、店舗の物件を借りたりするうえで必要に迫られたためです。仕事には必ずしも会社は必要ありませんが、信用という部分では、個人と法人は違います。

最近は「起業したい」という子から、「会社はどうやって作るのですか?」と聞かれることがあります。

会社を作ってなにをしたいのか聞くと、ネイルやエステ、まつげエクステのサロンをやりたいと話す子がいます。そういう場合、「まず会社を作るより、個人でやってみて、必要になったときに作ったほうが良いんじゃないかな?」と答えています。

自分で仕事をするということは、想像以上に大変です。

サロンビジネスであれば集客はもちろん、メニュー決めや店内の内装、仕入れといった仕事から、総務や経理に加えて、掃除やゴミ捨てなどといった雑用も全部自分でやらないといけません。資金があれば最初から人を採用することもできますが、その場合は、スタッフの待遇を考えたりコミュニケーションを取ったり、教育したりといった仕事が必要になります。それは誰かが教えてくれるものではありません。むしろ、こうしたことを考えられる人なら、人に聞かなくても自力で会社を作ることができると思います。

会社を作ること自体が、業務上のなにかを解決するわけではありません。**肩書きよりも、そこでなにをするか、どんな価値を作って提供できるかのほうがずっと大事**です。

やりたいことをすでに見つけている人も、初めのうちは無理に会社を作らなくても、たいていのことは実現できます。私自身、ずっと個人でやっていましたが、それで困ることはありませんでした。まずは個人事業主でやってみて、必要に迫られたら法人化を考えてみる。それで遅くはない気がします。

会社を作る前にやらねばならないことはたくさんあります。**「まず会社を作る」と**

思っている人は、「自分で仕事をする」ということがどういうことなのか、いま一度考えてみてはいかがでしょうか。

自分のやりたいことを見つけて実際にやってみる中で、いろんな課題が出てきます。それを一つずつ乗り越えることで、社長としても人としても成長していきます。

余談ですが、社名を「voyage」にして良かったと思った思い出をご紹介します。会社を立ち上げてから、どんどん人が入れ替わる中で、一人だけ辞めずについてきてくれた男性社員がいます。彼に「どうしてうちに入ったの？」と聞いたら、「浜崎あゆみが好きだから」という答えが返ってきました。浜崎あゆみさんの名曲、『voyage』と同じ名前だという理由で、私の会社に入社したというのです。思わず笑ってしまいました。人生なにがプラスになるかわかりません。

そんな彼も、いまや会社になくてはならない戦力になりました。あのとき「voyage」にして良かったと、本当に思っています。

ひと目見たときの感動が大事

最初に立ち上げたキャバ嬢向けドレスブランドも「Emiria Wiz」も、インターネットだけで始めました。だから、インターネット上での見せ方はすごく意識しています。ドレスブランドでは、セレクト商品も全て写真を撮り下ろしていました。セレクト商品なら、ほかのお店で売っているものもあります。その中で、あえて自分のところで買ってもらわなければなりません。そのために、どう良く見せるべきか？　実店舗がないぶん、その写真1枚で欲しい気持ちを呼び覚まさなければいけません。

撮影場所もテーマも全て毎回自分で決めながら、試行錯誤を重ねました。撮影のモデルは全て私がこなしています。

洋服の写真は、パッと見たときの感動がなければ見てもらえません。だから写真では、直感的に「かわいい！」と思う世界観を作ることが大切です。

服作りをしていると、こだわりが出てきます。そして、そのこだわりの部分をお客さまにも見てほしいと思うのですが、インターネット上ではなかなか伝わりません。インターネット上では、どんなに良い服でもパッと見て「ボタンがかわいい」「この裾の切り替えがかわいい」など、細かなこだわりまで見てもらうのは難しいものです。

買う人はひと目見たときの印象で、興味を持つかどうかを判断します。商品の詳細や細かなこだわりを見ていくのはその次。だから、写真の第一印象がとても大事です。撮影では、ただ単に洋服を見せるということではなく、どうやったら、商品に目を止めてくれるかを考えながら行っています。昔は自分の顔の写りばかりを気にしていましたが、いまは、商品の良さを伝えられるような写真を心がけています。

ヨーロッパに触れて感じたこと

いまは安くて良いもの、綺麗なもの、かわいいものが世に溢れています。加えて、撮影や写真加工の技術も上がっています。加工アプリを使って写真に手を加えるのは常識のように行われます。それゆえに、**インターネット上では、本当に良いものとそうでないものの見分けがつきづらくなってきました。**値段も安ければ安いほど良いという時代です。

しかし、私たちはこういう時代だからこそ、高級で高品質な商品を提供したいと思っています。

一方で、値段を適正なものにするための努力は惜しみません。不必要な経費は削減します。

たとえば、撮影は全て自社スタッフで行います。現地との交渉のほか、商品の開発やECサイトの運営なども、できることは極力自分たちで行います。経費は極力削って、高品質素材の仕入れ値がそのまま商品の価格として反映しないように心がけています。

なぜこのようなものづくりの考えになったのか？

昔は「ひと目見てかわいいもの」が「良いもの」だと思っていました。「かわいければなんでもＯＫ！」という感じです。しかし、何度かヨーロッパ、特に毎年行っているパリで感じたことがありました。

私は歴史についてはさっぱりですが、行くたびに少しずつ歴史を知り、良いものには歴史や文化があるということに気づきました。

パリの街は本当にすごい。どこを見てもかわいいのですが、驚いたのはどれも本物を使っているということ。大理石や、彫刻やガラスなど、なにげない建物にもイミテーションが使われていません。

数百年前に作られた街並みに、歴史と文化があることを知って、パリの街並みがいままでとは違うものに見えてきて、さらに好きになりました。

私が好きな「シャネル」「エルメス」「ルイ・ヴィトン」もパリに本店があります。

ほかにも多くのハイブランドがパリに本店を置いています。こういったブランドに憧れを持つのは、商品の見た目だけではありません。どれも長い歴史と文化があります。本店では、センスもあって高級な作りの店内や接客が、非日常の体験をさせてくれ、見た目だけでない要素がブランドの価値を作っていることを感じます。

そういったもの全てが合わさって、このブランドを持ちたいという気持ちにさせてくれます。

「Emiria Wiz」の歴史は短いですが、文化を伝えることはできます。見た目だけの「かわいい」「持ちたい」という流行だけを追うブランドではなく、私たちが大切にしている考え方や思いを、質の良い商品とともに提供していきたいと思っています。

苦手なことと嫌いなことは、人に任せる

私は、仕事では自分の好きなことしかしていません。というより、できないのです。たとえば、パソコンの画像編集ソフトの操作を覚えようと思って、必要なものを一式揃え、講座に通ったことがあります。服の柄を作るのに使えると思ったからです。でも、すぐに諦めました。

以来、画像編集ソフトの操作が必要なときは、得意な人にお任せしています。

絵を描くのも実は苦手です。この仕事を始めてから一度もデザイン画を描いたことがありません。専門の人にイメージを細かく伝えて、代わりに描いてもらっています。

世の中には、諦めないで苦手なことにも挑戦するのが立派だと褒められる風潮があ

ります。「三日坊主」は恥ずかしい、努力しないのは悪いという考えを持っている人も多いと思います。しかし「自分じゃないほうがいい仕事」については、早めに見切りをつけることも大事だと思うのです。

むしろ、苦手なことや嫌いなことがなければ、誰かに感謝できなくなってしまいます。

自分にとっての苦手なことや嫌いなことは、誰かにとっての得意なことだったりします。それでプロになっているすばらしい技術を持っている方もいて、**自分でやって中途半端になるのであれば、早い段階でそうした方にお願いして、質の良いものを作り、感謝したほうが良い**に決まっています。

苦手なことや嫌いなことは人にお願いして、空いた時間で自分の得意なことや好きなことを、そのぶん全力でやったほうが良い結果が得られます。

苦手なことだけでなく、自力で解決できないことについても、私はすぐ人に聞くことにしています。

「こういうことできる人いない?」「こういうことできる場所ない?」と、聞けば必ず誰か、方法を知っている人がいます。

周りの人だけでなく、知らない人にも尋ねてみます。SNSで見つけた方に突然メッセージを送ったり、知らない会社に問い合わせをしたりするのはしょっちゅうです。

意外だと思われますが、ピンときた人には自分からどんどんアプローチします。それで解決しなかったことは、いまのところほとんどありません。

自分にしかできないことは絶対に人任せにしない

ただし、「自分がやるべき仕事」ははっきり決めて、責任を持ってやり遂げます。

誰かがやったほうがいい仕事は、どんどん人に振ってしまいますが、**自分にしか決められないことは最後まで自分が行います。**「Emiria Wiz」で言えば、「こういうものを作りたい」というイメージを示したり、全体の方向性を決めたりするのは私以外の誰かに任せることはできません。

服作りなら、デザインや形、生地を選んだり、カラーバリエーションを考えたりです。人に協力してもらうこともありますが、ボタン一つに至るまで、全ての洋服の最終的な決定は私が行います。

ほかにもサイトに載せるバナーや、店舗のショッパー（ショッピングバッグ）など、ブランディングやデザインに関わるものは全て自分でチェックします。サイズや着心地なども全部自分で試着してみるし、違うと思ったら納得いくまでやり直します。

判断で迷うことは、それほどありません。なぜなら基準が明確だからです。「Emiria Wiz」の考え方に沿った「かわいい」なら合格。「かわいくなりそう」だったら、もう一回やり直してみます。沿っていないものや「かわいくない」ものは不合格。「かわいくない」ものだけは、たとえそれが売れそうな商品でも即ボツにします。

なにがどれだけ売れたかも全て把握します。売り上げという結果がわからなければ、どんなものを作ればいいのか修正できません。好きなことだから、どんどんやりたくなるものです。**一人ひとりが自分の好きなこと、得意なことに集中できる環境を作ることが、チームとして最良の結果を生み出す**と思います。そして、その環境を作るのも、私がやるべき仕事です。

ベストを尽くすうちに、できることが増えていく

一般的に、アパレルメーカーでは1年先までトレンドを予測し、販売の半年前にはお洋服のサンプルができあがっています。1年間を52週に分けて綿密な計画を立て、そのときに合いそうな商品を生産・投入します。

しかし、実際は天候に左右されたり、読みが外れたりして、売り逃しをすることも大いにあります。逆によく売れて追加で生産をしようとしても、工場がすでに次の生産で手一杯になっていて、追加が間に合わず、せっかく生産してもタイミングが遅れて売れ残ってしまうこともあります。そうなると、大きな在庫リスクを抱えてしまうことになります。

良くも悪くも「素人集団」で始めた「Emiria Wiz」には、年間で商品計画を立てるということの考えがありません。素人の私たちが、流行を予測する力はありません。それに、その考えでは、売るためだけのものづくりになりかねません。

もちろん、そういう計画を作ることは大切ですし、売ることを考えるのは会社として当然のことです。

しかし、私は自分の気持ちに正直でいたいので、「いまはこういう気分」「いま着たいもの」を考えて、すぐに作って出す、という形を取っています。短いものでは2カ月ほどで商品として販売できる状態になります。

自分が着たいと思わない商品でも「売れるから出す」ということや、1年近く前に考えたけどやっぱり着たくないと思うものを売るのが良いとも思えないからです。

おかげで結果的にですが、販売機会を逃すことが少なく、在庫リスクも最小限に抑えられ、最適の価格とタイミングでお客さまに商品をお届けできています。

「Emiria Wiz」では、商品の展開や生産枚数の決定まで、私が自分で決めています。

全体のバランスを見て、いつどの商品をどのくらい投入するかを決めていますが、大きく外したことはありません。同業の人からは、「それはマーチャンダイザーの仕事だよ」と驚かれたことがあります。

マーチャンダイジングの勉強をしたことがなくてもやっていけているのは、**SNS上での反応と実際の販売数を全て把握し、全ての商品企画を自分でやっているから**だと思います。どの服がどれだけ売れて、どれくらい残ったかというデータも、全て頭に入っています。

自分が好きだと思った服が受け入れてもらえるのは最高に嬉しいことですが、大きく商品が残ってしまうこともあります。でも、それも勉強です。**我流でもいいから、大切なことは最後まで全て自分で責任を持ってやる。とにかく前に進む。そうすることで、いつの間にかできることが広がっているのだと思います。**

打ち合わせは少なく、やることは多く

この「Emiria Wiz」のやり方には、もう一つメリットがあります。打ち合わせにか

ける時間が少なくて済むことです。そのおかげで、多様な仕事に専念することができます。

ほかの会社が1日近くかけるような会議も1時間ほどで終わります。打ち合わせは、それぞれの部署で週に1回ずつ。それ以外は、基本的にＬＩＮＥでのやりとりがほとんどです。そのため会社のＬＩＮＥグループが30個ほどあり、常にＬＩＮＥをしています。

打ち合わせ中でも自分に直接関係のない話のときはスマホをいじっていますが、ＬＩＮＥを返して仕事を進めています。マナー違反と感じる方もいるかもしれませんが、それゆえ私は多様な仕事を同時に進めることができています。

体は一つしかないからこそ、スマホを使って多くの仕事をしたいと思っています。

SNSは「ありのまま」で

「Emiria Wiz」は、広告をいっさい出していません。全て私やや会社のSNSだけで発信しています。

しかし、「いいね」や「お気に入り」の数だけで商品展開の計画を立てることはありません。あてにならないからです。

時代がどんどん変わっていく中で、コミュニケーションのツールも傾向も、時代とともにどんどん変わります。

昔は「いいね」の数が多いほどSNSのフォロワー数も伸びると言われていまし

たが、いまではそうとも言えません。「いいね」の数とフォロワー数の増加は、比例しなくなってきました。

そう感じ出したのは2018年の中頃から。「いいね」が付かないのにフォロワーが増える日が目立つようになってきたのです。

この現象の明確な答えはまだ探っている状態ですが、理由の一つにみんながSNSに慣れてしまったことがあると考えています。「いいね」を押すのも手間に感じるようになっているのではないでしょうか。

一例に、インスタグラムで考えてみましょう。ストーリー※を見て、投稿も見て「いいね」をする……ちょっと大変です。

インスタグラムでは、「いいね」を獲得するために投稿している人も少なくないでしょう。しかし、**「いいね」が付きづらくなっているいま、逆に「いいね」があることで本来の自分を出せず、自由な投稿もしづらくなり、「いいね」の必要性がなくなってきているのではないか**と思います。

一つのツールに頼りきりにならない

私が「Emiria Wiz」を立ち上げておよそ半年が経った頃のことです。

「はじめに」でも書いたとおり、雑誌『小悪魔ageha』を当時発刊していた出版社のインフォレストが突如倒産し、雑誌が一時休刊になるという事態になったのです。

これは編集部やモデルにも一切事前に知らされておらず、皆さんと同じように報道で知りました。「Emiria Wiz」を立ち上げて以来頼りにしていた媒体が、一夜にしてなくなってしまいました。

当時はまだ雑誌が媒体として影響力も強かった頃。雑誌に出ているからこそファンの方が増えていると思っていた私は、大きな支えをなくしたと感じて、どん底に突き落とされた気分でした。

しかし、悩んでいても先には進めません。

※ストーリー……インスタグラムにおける24時間で自動的に削除される一時的な情報発信の機能。スライドショーのような形式で写真や動画の投稿、ライブ配信を残すこともできる。

その頃はまだ趣味として使っていたツイッターや、ブログを自分のメディアにすることにして、更新の頻度を増やしました。すると、雑誌に出ていた頃よりツイッターのフォロワー数も増え、ブログのアクセス数も伸びていきました。

その後、インスタグラムが登場してからはインスタグラムも始め、いまはユーチューブも始めています。

一つのツールに頼っていると、それがなくなってしまったとき、手段がなにもなくなってしまいます。それをこのときに学びました。

SNSがどんどん発達していく中で、参考にすべきツールは次々と変わっていきます。特定のSNSに頼りすぎず、複数のSNSをやっていくことで、そういうリスクを避けています。

「ありのまま」が信頼のカギ

それぞれのSNSでは、フォロワーの人たちの属性、求められるものが違います。

インスタグラムにはインスタグラムのフォロワー、ツイッターにはツイッターのフォロワーがいます。ユーチューブにはユーチューブの視聴者がいます。使い方も、それぞれのフォロワーに合わせたものでなければなりません。

それぞれに合わせて自分を発信していると、どれが本当のその人の姿なのかわからなくなってきます。誇張して表現したり、画像を加工して良く見せるなど、「盛る」こともしやすい時代で、「盛る」ことでフォロワーを集める人も少なくありません。

しかし、**本当に大事なのは「いつもの自分」です。そこがコロコロ変わっていては、結果的に嘘がばれて、信頼されなくなってしまうと思います。いまはSNSが発達しすぎていて、嘘はすぐばれてしまいます。**

だから、私は自分を「盛る」ことなく、いつもの自分でいることを心がけています。

炎上させてフォロワーを増やす事例があります。これはSNS単体で考えればテクニックの一つなのかもしれませんが、社長としての仕事を考えるとマイナスです。テクニックでフォロワーや視聴者を増やすのではなく、**自分自身が成長して、それに伴って増えていくというのが理想**で、それが私のSNSの使い方です。

これからも私のSNSは「いつもの私」。「フォロワー数の増加＝私の社長としての成長」と考えて、盛ることも、無理することもない投稿を心がけていきます。

キャバクラ以外で初のナンバーワン

2015年9月、インターネット上でのみ販売していた「Emiria Wiz」は、期間限定のポップアップストア※という形で初めて実店舗販売を行いました。

「愛沢えみり＝新宿」というイメージがある中で、なぜ渋谷だったのか？

実は当時、新宿の駅ビルの人気が強く、私たちもその駅ビルでポップアップストアをしたいと望んでいました。しかし、その運営会社に連絡しても、一向に話が進みませんでした。担当者から折り返すと言われても、連絡は来ません。次第にこれは無理

※ポップアップストア……期間限定の店舗のこと。催事スペースや空き店舗などに数日間〜数カ月間の間で行われる。ECサイトのオフライン販促、海外ブランドの日本進出、新規キャンペーンなどで行われることが多い。

そうだと考え、私はいつものように知り合いに「ポップアップストアがやりたい」と、伝えて回りました。

するとある知り合いが、「渋谷１０９なら話を聞いてもらえるかもしれない」と言ってくださり、すぐに「渋谷１０９」と話を進めることになったのです。

大変なのはそこからでした。私たちの会社にはアパレル販売員の経験がある人はいても、ショップの運営や出店に関しての知識がある人はいなかったのです。

しかし、初心者だからといって特別扱いはありません。ほかのアパレルブランドと同じように扱われ、同等の知識が求められます。打ち合わせが終わるたびに、すぐに会社に戻ってわからなかった用語や内容をインターネットで調べてメールで回答する、という日々でした。

この期間はすごくバタバタしていて、自分たちのやっていることが、果たして合っているのか間違っているのかを考える余裕も時間もありませんでした。

「とにかく絶対に成功させる」

それだけを考えて走り抜けた日々だったので、このときのことは、正直あまり覚えていません。あっという間に当日を迎えていました。

オープン前日も、徹夜で用意していました。本当にオープン直前まで用意をしていたので、いつの間にかオープンした！　というのが実感です。

お客さまの長蛇の列

ギリギリまで不安で、ドキドキで迎えたオープンの日。こっそり外から入り口を見ると、開店前から150名以上のお客さまが並んでくださっていました。お客さまの多さにびっくりしつつ、急遽スタッフも増員。当時在籍していたキャバクラ「フォーティーファイブ」のスタッフも手伝ってくれました。

オープン直後から3時間待ちの入場制限がかかり、お客さまの長い列はフロアに入りきらず、非常階段に並んでいただくことになりました。9月のまだ暑い頃です。エアコンの効かない非常階段に急遽冷風機を設置しましたが、お客さまには大変なご不便をおかけしました。

途中から数える余裕がなくなってしまいましたが、初日だけで来店は約１０００人記念撮影は４００名以上の皆さんと撮らせていただきました。

「渋谷１０９」のほかのお店のスタッフの方も、たくさん来店してくださっていました。仕事の休憩中など、少ない時間の中でもお買い物してくださったり撮影会に参加してくださったり。閉店後、社員通用口から「Emiria Wiz」のショッパーを持って出てくる人が何人もいらっしゃり、驚いたのを思い出します。

ポップアップストアは、「超」が付くほどの大成功でした。

「渋谷１０９」の方も、ここ数年では記録にないほどの大成功とのことでした。記録のあるる限りでは、初出店店舗の1日の売り上げは過去最高、1位だったそうです。

2日目の午前中、それを伝えられたとき、本当にビックリしてフラフラしてしまったほどです。

これは、キャバクラ以外では生まれて初めてのナンバーワンでした。

実店舗という信用

ポップアップストアを成功させてからはどうしても実店舗が欲しくて、ついに2016年5月14日「Emiria Wiz」のお店をオープンしました。お店は靖国通り沿い、まさに歌舞伎町の入り口にあります。

店舗を作りたかったのは売る場所を増やして、事業を拡大したいという理由からではありません。インターネット販売のみでは試着していただけないこと。なにより、**ブランドとしての信用**という観点からです。お客さまに、安心して買っていただくうえで、「実店舗」という信用力は欠かせません。

場所は最初から、自分の原点である新宿を考えていました。「渋谷１０９」でのポップアップストアの成功を聞いた商業施設からの誘いはありましたが、相変わらず、当初から希望していた新宿の駅ビルからのお誘いはありませんでした。

歌舞伎町の中まで入りすぎると、お客さまが来店しにくくなります。しかし、駅に近い場所はどこも人気で空いていません。条件にぴったりの物件はなかなか見つかりませんでした。

そんなある日、お店に出勤するためいつもの道を歩いていると、偶然いまのお店の場所が空いているのを発見しました。入居していた美容室が、ちょうど出ていこうとするタイミングでした。

「ここしかない！」

そう思った私は、ほとんどその場で即決しました。

それから3カ月後のオープンに向けて、いろんなことがものすごい勢いで進んでいきました。今度は「渋谷１０９」のときのように、相手と打ち合わせをすることはありませんが、全てのことを一から考えなければなりません。内装や接客方法、レジの準備、掃除の仕方、出勤時間や休憩の方法、スタッフの採用……しなければならないことは山積みで、目が回る3カ月でした。

いま振り返ると、この場所にお店をオープンすることができたのは必然だったのかもしれません。

「Emiria Wiz」は2018年から定期的に全国の百貨店でポップアップストアを開催しています。

私は百貨店以外で買い物をすることはほとんどありません。ハイブランドの路面店に行くことはありますが、基本的にキャバ嬢一本の時代から買い物は新宿の老舗百貨店「伊勢丹」。近いからというのもありますが、品揃えが豊富で、化粧品もハイブランドやジュエリーもたくさん見られるうえ、接客も素晴らしい。そんな百貨店が、昔から大好きです。

だから、もし、新宿の駅ビルからお誘いを受けていたら出店していたかもしれませんが、少しカジュアルな商業施設に出店するというのは、本来の自分の姿ではないように思ったのです。「売るために売れる場所に出店した」というのは、いま私がやりたくないと思っていることになってしまいます。

「新宿の駅ビルに出店できなかった」というとそのとおりですが、いまとなっては結果的に路面店を選んだことは大正解でした。

会社も小さく、信用がなかったのが良かったのかもしれません……!

「ヘアセット無料」サービス

お店に来てくれたお客さまには、あるサービスを実施しています。

それは、お店やインターネットで一度でも商品を購入したことがあるお客さまは、ヘアセットとネイルのオフ料金がずっと無料になる、というサービスです。

さすがにヘアセットまでやっているお店は、「Emiria Wiz」のほかにないと思います。通常は、ヘアセットだけで2000~3000円はかかります。そのうえ、ヘアセットとネイル用のスペース分、アパレルの売り上げは落ちてしまいます。

「せっかく路面店があるなら、めいっぱいアパレル商品を紹介したほうが良いのでは？」と言われますが、このサービスにはある理由があります。

路面店は商業施設に入っていない分、自由に内装を作ることができるので、世界観を伝えられるというメリットはあります。しかし、「Emiria Wiz」を買いに行こうと思う人しか来ることがありません。「Emiria Wiz」を知らない人や「なんとなく見に来る」という人が少ないというデメリットもあります。毎日誰もが忙しいのに、なんとなく路面店に行く理由はあまりありません。

洋服だけを展開するだけでは足りない。**お客さまが来店して嬉しい理由を作らないといけない**と思っていました。

わざわざ店舗まで足を運んでくれたお客さまに喜んでもらえて、またお店に来たい！　と思っていただくにはどうしたらいいか？

そんな発想から、このサービスは生まれました。

「Emiria Wiz」は、女性に勇気を与えるブランドでありたい。私がかわいい服から勇気をもらえたように、デートやとっておきの記念日など、「ここ一番」の勝負のときに、「Emiria Wiz」の洋服を着て、ヘアセットをして、その人の幸せをあと押しできるのであれば、これ以上嬉しいことはありません。

頭の先から爪の先まで、全てきれいになっていただける空間。そんな店舗にしたいと思いました。

髪型もネイルも、アクセサリーも美容も全て含めて「ファッション」。全てきれいになって、元気になってお店を出て行っていただけたら嬉しいです。

お客さまに喜んでいただく

「Emiria Wiz」では、基本的に私が本当にかわいいと思うものしか作りません。サンプルが上がって、ひと目見たときに「めちゃくちゃかわいい！」と感動したものは、やはり売れ行きがとても良いです。**ブランドのアイデンティティがしっかり表れているアイテムほど、好調だと思います。**

しかし、新宿店を作った頃から自分のかわいいだけを優先するのではなく、買ってくださる人のことを想像するようになりました。

自分が作る服は、自分だけが着るものではありません。**お客さまのことを考えて、ブランドの軸をぶらさないまま、喜んでいただける工夫をする。**この感覚がとても大切なのだと気づきました。

作り手は自分の思いが先走ってしまうことがあります。たとえば私は、ピンクのワンピースをかわいいと思ってたくさん作っていました。最初はたくさん売れていたので、種類も豊富に作っていましたが、徐々に売り上げに陰りが見えてきたのです。

「かわいいし売れていたのに、なんでだろう？」

このピンクもかわいい、あのピンクもかわいい。日々、たくさんの洋服を作る中で目が慣れすぎてしまい、ちょっとしたピンクの違いでも、全然違うものとして考えていました。

売るほうとしてはどれもかわいくて、いろんなピンクの色やデザインを提案したくなります。しかし、買うほうとしては似たような服は何枚も必要ありません。お客さまは、ピンクのワンピースを1着買ったら、次はそれに合わせる服が欲しい。お客さまが買うお洋服の数は限られているのです。

アパレル初心者の私は、そのことに気づいていませんでした。気づいてからは、全体のバランスを見てアイテムの展開を考えるようになりました。

また以前、別の本を出版し、書店で握手会を開いたときのこと。ありがたいことに、「Emiria Wiz」の服を着てくださっている方がたくさんいらっしゃって、300人の満員御礼。握手会も大盛況でした。

問題はそのあとです。握手会が終わって、ふと来てくださった方々を見ると、靴を履き替えているのです。その様子に、私はハッとしました。

私は普段、車やタクシーばかり乗っていて、歩いたり電車に乗ったりすることがありません。でも、多くのお客さまは違います。歩くし、電車にも乗る。そのとき「Emiria Wiz」のヒールは高すぎたのです。

このヒールはベストセラーで、いままでに何千足も売れているもので、私が勤めていた「フォーティーファイブ」のキャストからも評判が良く、多くの子がいまもお店で履いてくれています。スタイルが良く見えて、低反発の素材で履きやすいというのが人気の理由です。

しかし、店内は狭いうえに、ほとんどの時間を座って接客をしているキャバ嬢にとって、履いて歩く時間はごくわずかです。

それに気づかず、「かわいいし人気があるから」とSNSでも積極的におすすめしていた私は、反省しました。

そこですぐに、ローヒールを作りました。販売してみると、「すごく歩きやすい」「これで足が痛くならない」と、お客さまから大好評でした。

「高いヒールじゃないとテンションが上がらない」と思っていた私ですが、それ以来、ローヒールも履くようになりました。特にキャバ嬢を引退してからは、昼の仕事で歩くことが増えたので、ローヒールを愛用しています。履きやすくてびっくりです！

お客さまの声を取り入れる

私はSNSを中心にコミュニケーションをしているので、日々お客さまのさまざまな意見も目にします。貴重な意見に学ぶことがたくさんあります。あれもこれも聞いていては、ブランドの軸がぶれてしまいますが、**独りよがりな「相手を困らせてしまうこと」に関しては、改善が必要**です。本当に大切な意見を見抜くこと、そして意見は一度咀嚼《そしゃく》することを心がけています。

「Emiria Wiz」のお店に実際に来てくださった方の意見は、いつも参考にしています。店舗スタッフが毎日、紙にまとめて渡してくれるので、必ず読んでいます。

たとえば、「腕の丈が長すぎる」という意見が多く寄せられており、商品にも反映させました。私が腕の長いほうなので、その長さに合わせていた部分があったのです。

また、「Sサイズが欲しいのに、細すぎてファスナーが上がらない」という意見もよく寄せられます。これに関しては、「Emiria Wiz」はシルエットを重視して、細身の作りをしたいと思っているため、反映させるかどうか意見が分かれました。しかし、ほかのブランドほどまでとはいきませんが、多少反映させることにしました。

ほかに、「流行している商品を作ってほしい」「安めのワンピースを作ってほしい」というリクエストをいただきますが、これは、いくら言われても反映しません。実際にポップアップストアをしていると「ほかのブランドより高い」「値段を下げてほしい」と言われることもあります。

確かに同じような年齢層向けの似たカテゴリーのアパレルブランドと比較すると、それぞれの商品単価は高いのですが、先ほどお話したとおり、特に最近では使っている素材も高級で高品質なものにしています。パリの有名生地メーカー「マリアケント」の高級ツイードはその好例です。縫製も、高くても丁寧な工場で行っています。抑えられるところは抑えても、そもそもの商品原価は高めなのです。

それゆえに、百貨店の中では「Emiria Wiz」は標準的な価格帯であるとも思っています。実際に、大阪の百貨店「阪急うめだ本店」のポップアップストアは当初、少し高めのブランドが集まっている4Fでの開催を打診されていました。

本当に自分が良いと思うアイテムを展開していきたいということを考えると、値段を下げてほしいというお声にはお答えするのは難しいと思っています。

SNSでは、私が投稿した写真へのコメントや、実際に着用くださっているお客さまの写真やコメントも見ています。たくさんの方の投稿が私の励みになり、いろんなお言葉に勉強させられます。

全てに返信できないため、コメントやメッセージを直接お返しすることはなかなかできませんが、いつも見ていると感謝の気持ちが溢れてきます。SNSの時代に生きることができて良かったと思っています。

「この服を着て頑張ろう」と思ってもらえる服を

「Emiria Wiz」は今年で6年目、いまは次のステージに向かっている真っ只中です。立ち上げた当初から、想定する「ライバル」も大きく変わってきました。

いまの「Emiria Wiz」の目標は、「愛沢えみり」を知らない人にも着てもらえるブランドにしたいということ。ほかの百貨店にあるブランドと並んだとき、私の名前を出さなくても、「ここの服、良いよね」と評価される服をお届けすることです。

良い服を着ると、頑張る気持ちが湧いてくる

私は昔から、流行には全く興味がありません。来シーズンはこれが流行るとか、トレンドカラーはこうだとか、服を買うときに考えたことがありません。

好きなのはハイブランド。それは「良いものを着て頑張りたい」という思い理由からです。ハイブランドの生地や縫製のクオリティが素晴らしく、やはり**高価なものには、高価なだけの理由がある**と感じます。

よく、ブランドもので身を固めるのは自分に自信がないからだという人がいます。確かに、そう考えると私は自分に自信がないのかもしれません。勉強せずに社会に出て、キャバ嬢という仕事を選び、いままで自信が持てるような生き方はしてきていません。だからこそ、ブランド品を身につけているのかもしれません。

ただ、私はかわいいもの、自分が好きなものを身に着けていることに幸せを感じます。そして、**装うことで自分に自信が持てて、「今日も頑張ろう」と思うことができ**

ます。それが「装う」ことに秘められたパワーだと思います。

「かわいい」からもらえる勇気は素晴らしい。

「Emiria Wiz」の服も、そんな気持ちで「この服を着て頑張ろう」と思ってもらえるかどうかを大切にしながら服作りをしています。

「Emiria Wiz」のこれから

「Emiria Wiz」の店舗を作ってからは、百貨店に出店したいと思っていました。なぜ百貨店なのかというと、百貨店は上質・高級・伝統の場。「キャバ嬢にアパレルができるわけない」「キャバ嬢が作った服なんかすぐ消える」と言われてきた「Emiria Wiz」が、そんな場に、認められたということだと思ったからです。


2018年9月、やっとこの夢が叶いました。先程少し言及しましたが、大阪の百貨店「阪急うめだ本店」で1週間のポップアップストアを開くことになったのです。

「阪急うめだ本店」と言えば、大阪では一番の百貨店。お話をいただいたときは、夢ではないかと思いました。

ポップアップの期間は1週間。この1週間をいかに盛り上げるかを考え、撮影会、ノベルティや商品の先行発売、カタログ配布などたくさんの工夫をこらしました。

その話はchapter3でも詳しく書きますが、前日は誰も来てくれなかったらどうしよう……と不安になっていました。しかし実際はその正反対。初日から溢れんばかりの人だかり。何日も連続で来てくれた方もたくさんいらっしゃいました。その様子を見て、泣きそうなほど嬉しかったです。


「阪急うめだ本店」の方も驚くほどだったようで、ありがたいことにその4カ月後に、再度4日間ポップアップセールをさせていただくことができました。

2019年のゴールデンウィークは、「博多阪急」でも1週間のポップアップをさせていただきました。

ここでも同館での1週間のポップアップストア売り上げは歴代一位だったそうです。いま、「海外でも販売しないのですか？」と聞かれますが、それはまだ遠い夢。もう少し自分たちのレベルを上げながら、そのときに備えたいと思っています。

chapter

3

自分以外を主役にする

トッププロは業界のことを考える

渋谷１０９でポップアップストアをオープンした２０１５年、私たちの新しいプロジェクトとして、「maison de beauté（メゾン・ド・ボーテ）」というウェブサイトを立ち上げました。

全国の有名キャバ嬢による総合情報サイトとして、キャバ嬢のドレス販売や、キャバ嬢に関する情報を掲載していますが、その本当の目的はドレスを販売しての利益追及ではありません。

このサイトは、chapter2で書いたとおり『小悪魔ageha』に出ていた頃に抱いた、

「下に見られているキャバ嬢のイメージを変えたい」という思いが発端になっています。

キャバ嬢向けの広告に出ているのはキャバ嬢ではないモデル。キャバ嬢に対して商品を販売しているのに、どこかキャバ嬢が下に見られがちになっている矛盾に、納得がいかなかったのです。

繰り返しになりますが、キャバ嬢が社会的に誇れる仕事ではないことに、異論を挟むつもりはありません。

ただ一方で「モデル」という仕事に目を向けると私は、いまの時代はモデルという職業そのものについて、以前ほどの価値はなくなってきていると思います。**モデルの価値は「モデルである」ということではなく、その人自身の人気によるところが大きくなってきている**と思っています。

テレビに出演するようなトップモデルはやはりすごいです。全国のモデルの頂点。スタイルも良くておしゃれで、話すのも上手です。私も少しだけテレビに出演させていただくことがありますが、やはり芸能界で活躍するのはその道のプロ。仕事に対して一生懸命で、良い収録にしようという気持ちがひしひしと伝わってきます。そして、キャバ嬢の私にまで丁寧に挨拶をしてくれ、私がいままでどれだけ礼儀知らずだったかを思い知らされました。テレビに出演して一番勉強になったのは、そういった仕事に対する姿勢でした。

そのとき、モデルとして私はなにをしているんだろうという気持ちになりました。

プロとトッププロの違い

モデルの中には挨拶もしない子もいます。私にまでそうなので、たまに撮影に参加するようなキャバ嬢の子には、きっともっと心ない対応なのではないかと思います。しかし、雑誌に呼ばれるようなキャバ嬢は、それなりに人気のある、実力のある子です。そういった人に優しく接したり、「一緒に頑張ろう」と声をかけたりと、敬意を払うのが本当の「大人の対応」ではないでしょうか？

雑誌が売れないと言われるいま、**本来「モデル」がやらないといけないのは、雑誌の人気を上げていくこと。みんなで協力してその価値を作っていくことだと思ってい**

ます。

キャバ嬢向けの広告が多い媒体なのなら、キャバ嬢に優しく接して、キャバ嬢から見た雑誌やモデルのイメージを良くする。それが正しい道だと思うのですが、誰もわかってくれませんでした。

それなら、自分でやろう。キャバ嬢のための新しい媒体を作ろう。

そう思ったのは以前、こんな話を聞く機会があったからです。

ある会社と広告の打ち合わせをしていたときに、「プロとトッププロの違い」についての話になりました。

私は、「仕事に対し、対価をもらう人」が「プロ」だと言いました。1円でもお金を受け取るのであれば、その人はその道の「プロ」。経験が浅くても、お金を受け取る以上は「プロ」としての責任が伴います。「トッププロ」は、そのプロの中でも高い技術を持ち、ほかのプロの手本となり、より高い対価を受け取る人。そう言うと、打ち合わせ先の社長は「そうじゃない」と言いました。

「トッププロは、業界全体のことを考えられる人のこと」

私はそれを聞いて、これこそ私が感じていたキャバ嬢に対する矛盾を解決する方法だと思いました。

キャバ嬢は言ってみれば「個人商店」なので、それまでみんなバラバラに活動していました。

しかし、各自が自力で着実にファンを掴んできた人気者です。だから、ちゃんと宣伝できる場所さえあれば、絶対に有名になれる。すごいみんなが一つにまとまったら、なにかすごいことができるはず。そう考えたのです。

私はすぐ、全国のキャバ嬢を集めることにしました。

SNSや人の紹介で全国の有名キャバ嬢をピックアップして、その次の週には全国のキャバクラに突然、自分から会いに行きました。

キャバ嬢を取りまとめて、活動の領域を拡大し、サポートするプラットフォームが、「maison de beauté」なのです。

ナンバーワンを退いたからできること

そうした経緯もあって、「maison de beauté」では、私は「裏方」に徹しています。やるなら自分は裏方に徹する。自分を宣伝するようなサイトにはしたくないと思ったのです。

ここに集まってくれた実力あるキャバ嬢たちの価値を上げ、業界全体のイメージを上げていくのがこのサイトの目的です。

しかし「maison de beauté」を始めた頃、ちょっと憂鬱なときもありました。いまだから正直に話しますが、その理由は、「maison de beauté」では「愛沢えみりがナンバーワンキャバ嬢」とは謳《うた》えないから。

すでにキャバ嬢としては一線を退いたとはいえ、時間が経っても、「愛沢えみりが歌舞伎町ナンバーワンキャバ嬢」という評判が定着していました。その看板を自分から下ろすようで、悔しかったのです。いま振り返れば未熟で、恥ずかしいことなのですが、実は当時、そんな気持ちがありました。

しかし自分が声をかけておきながら、ナンバーワンとして出るのも筋違いです。声をかけるだけかけて、あとはスタッフに任せて知らんぷりというわけにもいきません。なにより、本来の目的のためにはそんなことは言っていられません。「maison de beauté」には、私にしかできない役目があります。

「キャバ嬢のイメージを変える」

これは、もうナンバーワンになる必要のない、一線を退いた私にしかできないことです。


そうして私は、参加してくれた子の撮影に行っては積極的に手伝い、自分のSNSも使って彼女たちを紹介することにしました。

すると、サイトのアクセスや、参加してくれたキャバ嬢のインスタグラムのフォロワー数がどんどん増えていったのです。

嬉しさと悲しさが半々。そんな気持ちもあった「maison de beauté」の始まりだったのですが、これが大きな転機になりました。

人気は作るもの

「maison de beauté」を立ち上げてから、全国から「出たい」というキャバ嬢からの問い合わせや、「弊店のナンバーワンを出してほしい」というお店からの問い合わせをたくさんいただきました。

一方で、「俺の口利きでmaison de beautéに出れるよ」と嘘をつくスカウトや、自称「maison de beauté関係者」が現れました。しまいには、「maison de beautéに入れるから」と金銭を要求する詐欺師も現れ、一時混乱もありました。

私たちの基準は「真剣にキャバ嬢をやっていて、本当にその地域で売れている子」。そんなキャバ嬢を自分たちで見つけて、自分たちからオファーを出して判断すると決めていたので、ご紹介いただいた方やご連絡を下さった方は全てお断りさせていただきました。

「maison de beauté」でまとまることでサイトの知名度も上がってきて、それぞれのキャバ嬢のフォロワーもどんどん増えていきました。

門りょうさんやエンリケさんこと小川えりさんといった、モデルよりも人気のあるキャバ嬢も登場し、あっという間に数十万のフォロワーを獲得していきます。


そんな中、一度休刊した『小悪魔 ageha』が復刊することになりました。

復刊はとても素晴らしいことで、私も専属モデルとして復活し、雑誌に協力していましたが、今度は状況が一変します。

以前は「モデルしか使わない」と言っていたクライアントや新しい編集部が、どんどん人気の出るキャバ嬢の人気に目を付け、『小悪魔 ageha』で「maison de beauté」のモデルを起用したいというオファーが来るようになったのです。

そこから自力で人気を作り出してきた私たちと人気を使いたい雑誌との間で、考えが対立していくようになりました。

雑誌だけで話題を生み出すことが難しくなってきたいま、モデルの人気を使って、雑誌や広告を売っていかなければなりません。

さらに、いまはＳＮＳの時代。広告もＳＮＳを利用したものが多く、誌面での広告を取るのも難しくなってきています。

そうなると、キャバ嬢を起用するなら彼女たちにＳＮＳでの宣伝もお願いしないとなりません。

しかし、そもそもキャバ嬢は所得はすごく高く、「maison de beauté」のキャバ嬢なら、月に数百万円、中には数千万円稼ぐ子もいます。そのため、「ＳＮＳのＰＲ投稿、1件30万円」といった案件をするよりは、お店に出て自分が出勤した姿を投稿した方がよっぽど意味があるのです。

誌面だけの広告では効果が低いが、ＳＮＳでのＰＲはやってくれそうにない。

こうなると雑誌の経営上、有名なキャバ嬢を起用することは難しい。それならば誌面に積極的に出てくれるモデルの人気を作っていけばいいのですが、いまはそれも難しい。

そんなジレンマの中、『小悪魔ageha』は「モデル兼キャバ嬢」で、誌面作りに協力的な子を推し出すことにします。それがキャバ嬢の企画だとしてもです。

雑誌はイメージが大事です。キャバ嬢が表紙になるような「風俗誌」にすることはできません。だから、誌面でもモデルが中心です。

メイクアップや私物紹介など、モデルを中心にした企画ではモデルを推し出すのも頷けます。しかしキャバ嬢の企画なら、人気のあるキャバ嬢、有名なキャバ嬢を推し出すのでないとおかしい。雑誌のために「キャバ嬢風」のモデルを起用し、そのモデルの「踏み台」としてほかのキャバ嬢の人気を使うのは納得がいきません。

キャバ嬢がそれぞれ自分の実力で作ってきた知名度を、そういった形で雑誌に使われるのは許しがたいと、何度も編集部のみなさんと話し合いもしましたが、平行線が続いていました。

2019年、私はキャバ嬢の卒業と同時に『小悪魔ageha』の専属モデルを引退しました。『小悪魔ageha』は、私の引退と同時に再び休刊することになったそうです。

『小悪魔ageha』には本当にお世話になりました。キャバ嬢という仕事と同じように、この雑誌がなかったらいまの私はいません。本当に好きな雑誌だからこそ、良くしたいと真剣に考えた結果、意見が対立してしまうこともありましたが、編集部の方々には深く感謝しています。

長い間ありがとうございました。

『小悪魔ageha』が再び復活するとき、または今後、同様にキャバ嬢をターゲットにしてキャバ嬢の起用を検討している媒体の皆さまには、キャバ嬢の人気を「使う」のではなく、人気を作って、共に良い方向に向かっていけるよう、考えていただけたら嬉しいです。

みんなで作ったSNSで一番人気のステージ

「maison de beauté」に参加するキャバ嬢たちは、みんな自力で人気を作ってきた実力派。一人で万単位のSNSフォロワーのいる女の子たちばかりです。

そんな彼女たちが一緒に出演すれば、PR効果もそのぶん大きくなります。企業からの引き合いもどんどん増えていきました。

ついに2018年には、「maison de beauté」として、日本最大級のファッションショー「関西コレクション」のステージの一つに、私を含めた13人のキャバ嬢が出演することになったのです。

このステージはある企業のプロモーションの一環としてご提案をいただいたもので、当初「Emiria Wiz」に依頼があったものでした。しかし、「Emiria Wiz」としてより、「maison de beatuté」のみんなでなにかしたいと思っていたタイミングだったので、キャバ嬢を全面的に打ち出したステージを作ることにしました。

キャバ嬢が「関西コレクション」に出るなんて、ひと昔前なら考えられないことでした。あのステージに立てるのは、いわゆるファッションモデルやタレントだけ。中にはキャバ嬢をしている子もいたかもしれませんが、それは伏せるべきことでした。

しかし、ショーは大成功。SNS上でお客さまの評判が一番良かったステージが、私たちによるステージだったそうです。

ちなみに、その13人のインスタグラムフォロワー数は、合計で200万超。キャバクラ業界なら間違いなく一番の宣伝効果のあるドリームチームです。

ほかに有名なモデルがたくさん出ているにもかかわらず、あるモデルの情報サイトでは「maison de beauté」のステージについての記事がランキングを独占していました。モデルではないのにもかかわらずです。後日「関西コレクション」の方にお話を聞いたところ、SNSの露出と反応が全ステージ中で一番と言われました。芸能人やタレントが出ているステージで、私たちみんなで作り上げたファーストステージがナンバーワン、大成功に終わりました。

ちなみに、ステージが終わっても「みんなで打ち上げ」をすることはありません。リハーサルや拘束時間も長く、不慣れで緊張して疲れていたとは思いますが、間に合う人はそのままお店に出勤します。

売れっ子は本当に真面目です。そういったキャバ嬢の集まりが「maison de beatuté」なのです。

次の世代へバトンを

このようにして、みんなの活躍の場が広がり、知名度も上がっていきました。テレビや雑誌への露出もどんどん増えていきました。ファンが増えるにつれて、それぞれのお客さまの数も増え、全国からお客さまが来るようになりました。

「えみりちゃんのおかげで◯◯できたよ」

「えみりさんのおかげでお客さまが増えました」


そんな言葉を言ってもらえるようになりました。私はそれまで、そんな言葉を、同業の子から言われたことはありませんでした。キャバ嬢人生で初めての経験です。お客さまを紹介したり、バースデーやお付き合いでお店に行き、売り上げに貢献したりしてお礼を言われることはありました。しかしそれは、「行ったから来てもらう、来たから行く」という、いわば「自分への見返り」を求めてのことです。

そうではない感謝は、本当に嬉しいものでした。

時間はかかりましたが、このときにやっと、私が作りたかった「maison de beauté」になったように思いました。


一線を退いてもキャバ嬢でいる私を疎《うと》ましく思っているキャバ嬢もいるはずです、というよりも、いて当たり前です。「私がナンバーワン」「私が一番売れている」そう思うくらいのキャバ嬢でないと、キャバ嬢の地位は向上していきません。そして

「maison de beauté」はそういったキャバ嬢の集まりです。

引退したらなにもなくなる。ナンバーワンじゃなくなる。とんでもない新人が現れて、世代交代して、いたたまれないような気持ちになると思っていました。「maison de beauté」を始めた当初は、気が進まないときがあったと先ほど書きましたが、実際に「やめたい」と話したこともあります。

しかし実際はそうではありませんでした。みんなからの感謝の言葉が積み重なるにつれ、私は少しずつ肩の荷を降ろすことができました。

「歌舞伎町ナンバーワンの愛沢えみり」

これはもう過去の話です。

しかし、頑張ったという事実は、消えないし、頑張っている子がいるからといって、自分がどうこうなることはないのだと、気づきました。

これで本当に思い残すことはありません。キャバ嬢として次の世代にしっかりとバトンを渡すことができたと思います。最高のキャバ嬢人生でした。

してもらって嬉しかったことをする

「ありがとう」が積み重なるにつれ、誰かのために行動することは、とても嬉しいことだということ、そしてそれは自分のためにもなるということを、少しずつ理解していきました。

また、協力するほうが自分には向いているという考えにも変わっていきました。

地方出張で時間があれば、「maison de beauté」の撮影に参加してくれている女の子のお店に行くことも増えました。キャバ嬢にとって、売り上げが一番の成果だからです。

撮影現場では、ドレスを選んだり、ＳＮＳに載せるための写真を撮ってあげたり、一人でポツンとしている子がいたら、みんなに紹介してあげたりもします。

また、モデルをするのは初めてという子も多いので、みんな緊張しています。そこでひたすら、「かわいい！」と言って褒めることで、緊張をほぐせるようにします。

「Emiria Wiz」の撮影では、商品をどう良く見せるかを考えますが、「maison de beauté」の撮影では、女の子たちに「楽しかった」と思って帰ってもらうのが最優先です。

ポージングも細かいことは言いません。女の子から聞かれたらアドバイスしますが、基本は背筋さえ伸びていればいい。ドレスはラインがきれいに見えるように作られているので、姿勢を良くすると美しさが引き立つからです。

カメラマンさんには、「ポージングの指示を出さないでください」とお願いしています。女の子にプレッシャーを与えたくないからです。

女の子への指示は、「自然でいいよ。いつもみたいに笑って！」だけで十分です。

これは私がかつて自分がしてもらって嬉しかったことを、みんなにしています。

雑誌の撮影に参加するようになった初めの頃は、カメラマンさんに「もっとこうして」「こういうポーズをして」と言われ続けたのが、すごくプレッシャーでした。不慣れな頃は、「モデルじゃないからできないって言っているのに……」と、よく思っていました。

そんなとき、ある編集部員の男性だけが、「それでいいよ!」「かわいいね!」とずっと褒めてくれました。それで撮影が少し楽しくなったのです。

そんなふうに、全部自分で経験してきたことだから、されて嫌なこともわかれば、されて嬉しいこともわかります。

自分がしてもらって嬉しかったことを、どんどんみんなに返していけたらと思っています。

成功するキャバ嬢の条件 その本当の意味

さて、「maison de beauté」のために全国の売れっ子キャバ嬢を集めるにあたって、私はインスタグラムを活用しました。当時はインスタグラムで有名なキャバ嬢はいまほどいませんでした。

検索をかけたり、知人のキャバ嬢のフォロワーをたどったりして、たくさんのアカウントに目を通しました。

重視したのはアップされている写真の内容です。**写真は嘘をつきません。**

たとえば、シャンパンがたくさん出ている写真や盛り上がって楽しそうな写真が多く投稿されていれば、この子は売れっ子だと感じるものです。しかしそれがたまにしかなければ、売れっ子とは言えません。

一方、**重視しなかったのは、フォロワー数**です。「maison de beauté」では、本当にキャバクラを頑張っている女の子を集めたかったからです。

フォロワー数とキャバ嬢としての実力は、必ずしも比例しません。モデルをやりながらキャバ嬢をしている子や、露出の多いキャバ嬢はフォロワー数も多めです。SNS中心のモデル意識の高いキャバ嬢でフォロワーが多くても、キャバ嬢としては売れていない、ということも多々あります。

そんな中からキャバ嬢を見つけては直接会いに行くということを繰り返しました。日本全国の売れているキャバ嬢にはほとんど会ってきました。

日本中の売れっ子キャバ嬢と会ってきた結果、彼女たちには、大きく2つの共通点がありました。

①常に明るい
②お店を休まない

①は当たり前のように見えて、実はすごく難しいことです。できている女の子は、決して多くはありません。

キャバクラの仕事は、体力とストレスとの戦いです。思うように数字が上がらなかったり、お客さまが切れてしまったり。それでもお店では常に明るく、笑顔でふるまうことができるかどうか。

自分のメンタルをきちんと管理することができるかどうかが、売れっ子キャバ嬢と、そうではないキャバ嬢の大きな違いです。

自分を管理することができる強い意志

②の「お店を休まない」も大きな特徴です。

売れている子は、いつ行ってもお店にいます。「maison de beauté」に出ている子に会いに行くときは、連絡もせず突然お店に行きます。出勤しているのは、聞かなくてもわかっているからです。

ただこれに関しては、会社員の人にとっては当然のこと。ふつうは毎日決められた時間に出勤します。だから特別すごいことではないのですが、夜の世界は違います。これがみんなできないのです。

夜の特殊な世界では、休んでもそこまで怒られません。全てが自己責任だからです。好きなときに好きなだけ働いて、嫌になったらほかの店に移る。朝までアフターに行って体調を崩す、海外旅行に行く。常に女の子が不足しているから、女の子に優しすぎるほど優しいのがキャバクラです。

こういった環境の中で、**自分自身を管理していられる強さ、真面目さこそが、最大の「武器」になる**のです。

私がキャバ嬢として尊敬している人は、片手で数えるほどしかいません。彼女たちがすごいのは売り上げだけではありません。売り上げだけなら、たとえば太いお客さまを一人作って、1カ月で1000万円、2000万円の売り上げを作ることはできます。

彼女たちがすごい理由は、人として大事な「義理堅さ」も備えているからです。それが、お客さまの多さ、付き合いの広さにつながっています。

「義理堅さ」とはどういうことか？

たとえば、仮に私がお客さまと一緒に、ほかのキャバ嬢のお店へ遊びに行ったとします。そして後日、そのお客さまが一人でそのお店に遊びに行ったとします。すると、そのキャバ嬢は、必ず私にお礼の連絡をくれます。

ただし、お礼の連絡をするだけなら、多くのキャバ嬢ができることです。義理堅いキャバ嬢は、そのお客さまがあまりお金を使わないように配慮します。そのお客さまが大金を使う方だと知っていてもです。ここでたくさんお金を使わせてしまっては私に悪いから、という発想になるのです。

また、狭い業界の中では評判や噂はすぐに広まります。「お客さまを取った、取られた」といったことや、そのお客さまのお金の使い方であらぬ噂を立てられてしまうこともあります。**お客さまの周囲からの評判を下げないように配慮します。**

「自分だけ良ければいい」という考え方のほうが、一時的には売り上げはあがるかもしれません。でも、それで長く続いている子を見たことがありません。

ズルや抜け駆けをしやすい環境で、それをしない意志の強さ。本当にすごい人は、誰よりも真面目な人なのです。

察する力

近年、キャバ嬢という仕事も変わってきました。以前は男性のお客様にお酒を提供し、お店で楽しく会話をするということが仕事でしたが、「タレント化」するキャバ嬢が増えてきました。

ただし、タレントといってもテレビやラジオで活躍するというのではなく、自分だけで発信できるツール、インスタグラムやツイッター、ユーチューブやティックトックなどを使用する、新しいタイプのタレントです。この流れは、インスタグラムの登場で顕著になりました。実際にそういった活動からお店に来てくれるお客さまもいます。今後はどんどん新しい営業方法が出てくると思います。

いま、SNSがどんどん進化しています。動画投稿も簡単にできますし、お店の中にいながら全世界の人とリアルタイムに会話や交流をすることもできます。

インスタグラムのフォロワー数の多いキャバ嬢に会いに行って、一緒に写真を撮ってインスタグラムに投稿したいと思っているお客さまや、ストーリーに載りたいというお客さまもいますが、全ての人がそういう訳ではありません。

自分の人気がフォロワーという数字で表れると思っている**キャバ嬢が多いのですが、キャバ嬢の人気は本来SNSではなく、その席での接客によるもの**です。

そういったことに気づかず、お客さまそっちのけになるキャバ嬢も少なくありません。シャンパンが空いたらまずはお礼を言うのが当たり前。それなのに、接客よりSNSへの投稿が先になってしまっているキャバ嬢もいます。そういった子のほとんどが継続的に売り上げを作れていません。

実際、いま売り上げをあげられる子は**「司会者のような動きをするキャバ嬢」**です。一対一なら楽しくて印象に残るような接客をし、大人数のときは上手に盛り上げる。接待の席では、誰に一番気を配らないとならないか、誰かつまらなそうにしていないかなど、全体を見渡します。

つまり、**気が利いて空気が読める、「察する力」のあるキャバ嬢**です。

そうしたキャバ嬢は、臨機応変な対応ができます。たとえばその日がお客さまの誕生日と知れば、急遽ケーキを用意してあげたり、スタッフに頼んでお酒の出し方を工夫したり。久しぶりに来店されたお客さまなら、フルーツを出して感謝を伝える。つまらなそうにしている方がいたなら、スタッフに相談して違う女の子を付け、失礼があれば自分の責任でなくてもすぐに自ら謝罪します。

もちろん、売り上げをあげるだけならこうしたことができなくても問題ありません。しかし、「生き残る子」「一目置かれて、長く愛される子」は、こうしたスキルが求められると思っています。

これはふつうの会社でも同じだと思います。仕事ができる人は全員、察する力が優れています。いま、「Emiria Wiz」や「maison de beauté」の仕事の中心となっているスタッフは、この察する力が優れています。良い意味で放っておいても安心です。必要なことだけ教えてくれます。そういった社員が増えていくような会社にしたいと思います。

お客さまがキャバクラに求めるものは変わってきています。使用される金額も大きく上がりました。それだけの価値に見合う「空間」を提供しなければなりません。お客さまを観察するスキルが、いっそう求められる時代になっていると思います。

「自分のウリ」を作る方法

「maison de beauté」のキャバ嬢たちには、一人ひとり違った個性やウリ、強みがあります。

仕事をするということは、多かれ少なかれ、自分を商品にするということ。

営業の仕事でも、元気で明るい営業マンなのか、話をよく聞いてくれる営業マンなのか、知識豊富な頼れる営業マンなのか。ウリどころがないと、その他大勢に埋もれてしまいます。

たとえば大阪の門りょうさんは、「それだけしかお金を使わないなら、来てくれなくて構いません」と言ったりしますが、りょうさんのウリは、勝ち気でサバサバしているところ。普段のりょうさんも、はっきりモノを言うし、性格もさっぱりしているので、そのセリフにも無理がありません。もともとの性格由来のウリだからこそ、それが魅力的になります。お客さまもファンの人も、それがりょうさんだと知っているので、そうした強気な発言をしても受け入れてもらえます。

同じく大阪の進撃のノアさんなら、みんなで楽しくお酒を飲むのがウリです。ですから、シャンパンを入れてもらったときは、シャンパンそのものの写真をSNSに載せるのではなく、シャンパンを飲んで楽しく騒いでいる写真をSNSに載せています。そうすることで、「みんなで楽しく飲むならノアさんのお店」という印象がお客さまに残り、ノアさんの「キャラ」になります。

名古屋のエンリケさんこと小川えりさんは、誰にでも優しくて親しみやすいのがウリです。もともと相手のことをいろいろ考えて丁寧に接する性格なので、それが自然にできてしまうのです。

私が勤務していた「フォーティーファイブ」で働く一条響さんのウリは、どんなに高いシャンパンでもジュースみたいにオーダーするような、良い意味での「鈍感さ」だと思います。ほかのキャバ嬢が真似したら絶対に怒られるようなことでも、響さんはそのキャラで許されます。かわいい見た目とキャラのギャップも、お客さまから人気の理由です。

しかし、「あの人が人気だから」と誰かを真似して、**自分と全く違うことをウリにしてしまうと、あとから苦労してしまいます。**いまはSNSがある時代です。へたをすると24時間違う自分を演じることになりかねません。キャバ嬢でもたまにいますが、それで売れ続けている人を見たことがありません。

もし私がこういった彼女たちの真似しても絶対に続きません。**自分がもともと持っているものでないと、自然に振る舞えず、接客に無理がきてしまいます。**

私の場合は、「常に楽しく素直でいる」ことを意識していました。

昔の私は本当に世間知らずで、常識がありませんでした。これは隠しようのないことです。無理に知ったかぶりをしたり、賢く見せようとしたりしても、絶対に無理がきます。それならば、常識や知識のなさがお客さまにとって不愉快になるものでない限り、素直になんでも相手の話を聞いて、会話自体を楽しむほうが私に合っていると思いました。わからないことは素直に質問し、「すごい！」と素直に言うと、相手も話していて楽しいでしょうし、私自身も楽しくなってきます。楽しそうな演技をしたり、知らないふりをしたりするのは良くありません。素直に楽しさを相手に伝えることが重要です。

性格が合う、合わないと決めつけるのではなく、どんなお客さまでも自分から楽しくしようと思っていたのが良かったのだと思います。

これは社長となったいまでも変わっていません。「できる社長」を演じるのではなく、素直にわからないことはわからないと言っています。自分を大きく見せず、偉ぶらないというスタイルは無理がなくてとても楽です。本書も最初は、もっとビジネス本っぽくて、難しい言葉も多く、いかにも「成功した社長の本」という仕上がりだったので、全て見直しました。私には合っていません（笑）。

なにを聞いても知らないことばかりだったので、自然にできていたことでしたが、以前出演したテレビ番組のディレクターの方と、次のような会話になりました。

「キャバ嬢として営業で一番意識していることはなんですか？」と尋ねられたので、「知らないことばかりだから、お話ししていても『すごい』とか『知らなかった！』

と言って、楽しそうに話すと喜んでもらえるのですが、それは営業じゃないですよね？」と話すと、「それって、男性が喜ぶ『さしすせそ』ですよ」と言うのです。

聞けば、これは男性が話しているときに「さすが」「知らなかった」「すごい」「センスいい」「そうなんだ」という褒め言葉を使うと、男性に喜んでもらえるということだそうです。私は知らないうちにこれができていたみたいです。

ウリは最初から見つけられるものではありません。あれこれ試すうちに、自分にしっくりくる接客方法が出てきます。ヒントは無理をしないこと。誰にでも必ず、ウリの「種」があります。それをきちんと育てて花を咲かせた人が、うまくいくのだと思います。

「次はこうしよう」をノートに書いて積み重ねる

私は昔、仕事で「次はこうしよう」と思ったことをノートに書き込んでいました。歌舞伎町に入りたての頃なら「よく笑う」「毎日、出勤する」などです。当たり前すぎることもできなかったので、書くことで習慣づけようと思っていました。

いつ、なにを書くかは決めていませんでしたが、気づいたことがあればなんでも書いていました。

どんなお客さまがいらした。その方には次はこんなふうに接客しよう、ということを書くこともあれば、「かわいいドレスを着る」「笑顔でいる」など、次に心がけようと思ったことを書いたりもしていました。

振り返ると、これは「なりたい自分像」を書いていたのだと思います。

自分のウリがわかっても、気分によってはしっかりできなかったりします。そういったときは「次はこう接客しよう」と書いたり、理想の自分の条件を書いたりして、頑張ろうと思っていました。

ウリを見つけられても、**常にその状態でいるには努力が必要**です。気分や体調で左右されることもありますが、それはお客さまには関係のないこと。そういったことを言い訳にしてサボっている間にも、ライバルは成長しているかもしれません。

絶対に一番になりたいと思っていた私は、書くことで気持ちを切り替えて、「こういう日こそ頑張ろう」と思って接客をしていました。

「上」と比べないと間違える

歌舞伎町では一番になることができた私ですが、自分の人気については冷静に見ています。

どんなにキャバ嬢として売れたとしても、歌舞伎町の世界で有名だったとしても、一般的にはたいして知られていないという厳然たる事実が、常に頭にあるからです。

chapter2でお話しした、「阪急うめだ本店」で初めて「Emiria Wiz」のポップアップストアを開いたときのこと。自分の人気はたいしたことないと思っているからこそ、前もって宣伝をたくさんしました。

また、わざわざ足を運んでくれたお客さまに「来てよかった」と思ってもらえるような工夫も考えました。皆さんの記憶に残るよう、なるべく多くの方と一緒に写真を撮ったりメッセージを書いたり、名前を覚えるようにもしました。

そこまではほかの人もするかもしれませんが、私はお客さまと一緒に来てくれた方にも同じことをしました。一緒についてきた友だちや彼氏に、「ありがとうございます」とお礼を言って、一緒に写真を撮ったりしました。

一緒に来てくれた方に「ずいぶん待たされたな」と思われるのと、「あの人、すごく感じ良かった」と思われるのでは大違いです。自分の知名度がないと知っているからこそ、ほかの人より丁寧に接客したいと思っています。

もし自分が毎日テレビに出るような人気の芸能人なら、さほど努力しなくてもお客さまは来てくれるでしょう。「ついてきただけ」という方や「芸能人だから」という理由で来店された方も、喜んでSNSに投稿してくれるかもしれません。

実際、元AKB48の小嶋陽菜《こじまはるな》さんが、『阪急うめだ本店』でポップアップストアを開いたときは、小嶋さんが店頭に立てないほどのお客さまが押し寄せたそうです。

でも、私には小嶋陽菜さんほどの人気も知名度もありません。だから、自分ができる方法で、自分で頑張るしかないと思ったのです。

一番歓声が小さかった「ガールズアワード」のステージ

人と自分を比べるときは、必ず「上」と比べること。上と比べないと間違えます。「上には上がいる」ということを、常に頭に置くことが大切です。キャバ嬢としては有名かもしれませんが、夜の繁華街以外では私のことを知っている人はいません。

そう考えるようになったのには、決定的な瞬間があります。2014年、代々木第一体育館で行われた日本最大級のファッションイベント、「ガールズアワード」に出演したときです。

多くの有名芸能人やモデルが参加する「ガールズアワード」。私が出演した年にランウェイを飾ったのは、菜々緒さん、山田優さん、ヨンアさんをはじめ、錚々《そうそう》たる顔ぶれの方々が登場しました。

当時は『小悪魔ageha』の専属モデルとなり、モデルとしても負けたくないと思っていた頃です。出演できたことがとても嬉しくて、モデルとしても成功したのだと喜んでいました。キャバ嬢がこのステージに立ったのはあとにも先にもありません。メディアでも話題になり、周りのみんなも褒めてくれました。

しかし、実際にランウェイを歩いてみて、すぐにその考えはなくなりました。私が登場したときと、芸能人が登場したときでは、歓声がぜんぜん違ったのです。私が歩いても手を振ってくれた方は数えるほどでした。しかし芸能人のステージでは登場した瞬間に「キャー！」というものすごい歓声と、すごい数のうちわや手が振られていました。

その情景を目の当たりにして、「自分の知名度はこんなものか」という現実を、身に染みて体験することができました。それをしっかり理解できたことが、私の「ガールズアワード」のなによりの収穫です。

以来、なにかをするときは、「私の知名度はたいしたことはない」「私は芸能人ではない」ということを肝に銘《めい》じて、考えてやるようになりました。

こうした経験から思ったのは、**「私はキャバ嬢で良かった」**ということです。

もし、モデルや芸能人としてもっと有名だったら、ここまで工夫をしなかったかもしれません。プライドが邪魔して、裏方の仕事や、雑用などもできなかったかもしれません。勘違いして終わっていたかもしれません。

芸能人じゃないからこそやれることは無限にあります。

キャバ嬢という仕事には、いまでも心から感謝しています。

次にすべきことを見つける

常に上と比べていると、悔しいことばかりです。

「あそこがここまでできるなら、私もこれくらいはやりたい」

「どうやったらできるんだろう?」

知名度がない分、できることはなんでもやってみます。

答えが出なくても「やっぱり無理だ！」などと落ち込むことはありません。そこに行くために、いま自分にできること、やるべきことを探します。それが**正攻法でなかったり、回り道だったとしても同じ結果を目指します。体力も時間も使うかもしれませんが、その分だけ私は成長できているはずです。**ほかの人がテレビの収録で忙しいのであれば、私はその時間でどうやって同じ位置まで行けるのかを探し続けます。

上と比べることのメリットは、自分の立ち位置を勘違いしないだけではありません。**やるべきことを探し、次の成長への道筋を見つけることもできる**のです。

ベストを尽くすために、やるべきことを考える

私は達成できない目標は最初から目標に設定しません。達成できそうな目標から順に設定します。

それを必ず達成するためにどうするか？　ただがむしゃらにやっていては達成できません。

先ほど、仕事で次から心がけようと思ったことをノートに書いていたと言いましたが、私は目標達成への道筋を考えるのにもノートを使います。

たとえば、２０１２年の24歳、最後に行ったバースデーイベントのときも、「やらな

きゃいけないこと」をリストにしてノートに書き出していました。

・最後のバースデーにする（年齢的に）
・後悔しないようにする
・売り上げも立てたい
・同業の女の子をたくさん呼びたい
・派手にしたい
・すごいと思われたい

このように、自分が達成したいことをノートに書き出します。そのうえで、それを実現するにはどうしたらいいかを考えます。

・最後のバースデーにする↓これで最後にすると周りに伝える
・後悔しないようにする↓不完全燃焼なイベントだと、「最後って言わなければ良かった」となるので、最高のバースデーにする

・お客さまをたくさん呼びたい↓組数が必要↓売り上げにかかわらず、たくさんお客さまを呼ぶ↓3カ月前からフリーのお客さまをたくさん接客する
・売り上げを立てたい↓シャンパンを入れてくれる人を探す↓いままでに来たお客さまを見直して、バースデー当日だと難しいから、とりあえずバースデー前に一度来てもらえるように連絡してみる
・同業の女の子を呼びたい↓同業回りが必要↓早速同業回りをする
・派手にしたい↓いままでの装飾を見せてもらい、装飾の業者と直接話してみる
・すごいと思われたい↓見たことないバースデーにしたい↓雑誌のカメラマンとお店の人に写真を撮ってもらって、SNSとブログに載せる

このように「やること」を洗い出して、全てやってみます。

「頑張って、売り上げを掴めるお客さまだけ呼ぼう」という曖昧な考えでは達成できません。**今日できないことは、明日もできません。「大丈夫」と自分が思えるまで、なんとか方法を考え、目標に向かって頑張ります。**

「阪急うめだ本店」でのポップアップストアのときも、やはり「やらなきゃいけないことリスト」を考えました。

まず、自分の中で全体の売り上げ目標を立て、一日の目標の売り上げを計算します。それに応じてどのくらいのお客さまに来ていただければ大丈夫なのか、そのためにはSNSでどのように発信すればいいのか、どのくらいの頻度で店頭に行けばいいのかを考えます。

実際にポップアップストアが始まったら、自分の思っていたシミュレーションと実際の数字がどれだけ違うかを調べます。数時間ごとにスタッフに、「いまの売り上げはいくら?」「お客さまは何人?」と、聞いていました。そして、達成しそうであればそのまま。達成できそうになければ、ほかの方法を考えます。

店頭に行くときは、その時間の単価に応じたコーディネートで店頭に立ちました。その時間に来てくださるお客さまにとっての、リアルなマネキンになるのです。

やるからには徹底して結果を出したい。きちんと結果を出していくために、自分のやるべきことに集中して、できることは全てやろうと思っています。

chapter

4

一番の場所を、誰かのために

「自分で」から「みんなで」へ

話は前後しますが、「社長」になり、会社としての「Emiria Wiz」が成長し始めた頃のことです。実はその頃は、毎日のように「もう辞めたい」と思っていました。

「Emiria Wiz」は逆風にも負けず、順調に成長してきたように見えますが、その内実、会社の中は長い間ぐちゃぐちゃでした。

原因はほとんど私にあります。

団体行動が大の苦手で、「みんなで」ということが一切できなかった私は、**全く会社のみんなとコミュニケーションが取れませんでした。**

これは昔からです。運動会、合唱コンクール、文化祭……団体行動になると最初から逃げ出していました。特に高校生の頃は、この手の行事に参加した記憶がほとんどありません。

団体行動は苦手でしたが、マラソンや卓球などの個人競技は好きでした。キャバ嬢も、言ってみれば一対一の個人競技ですから、性格的に向いていたのだと思います。

小さい頃は、一輪車の練習に熱中していました。できるまで帰りたくなくて、夜の9時までやっていたら、母にひどく怒られたのを覚えています。それくらい、できないことが悔しかった。負けず嫌いな性格も生まれつきのものかもしれません。

あとは竹馬です。幼稚園の頃は、せいぜい20㎝くらいの高さを乗ることができれば上出来だったと思いますが、私は一人もくもくと練習を続けて、最終的には先生が挨拶する朝礼台を使って高さ80㎝くらいある竹馬にも乗れるようになっていました。

しかし、学校の行事などで、「みんなで一緒に頑張りましょう」というようなことが苦手でした。団体行動が嫌だったのかもしれません。

そんな一匹狼の私が、なんのトレーニングもすることなく、組織を束ねる社長になったのです。当然、うまくいくはずがありません。最初のうちは、スタッフとの衝突も絶えませんでした。

会社という組織に慣れてきたのは、ここ数年のこと。だいぶ回り道はしましたが、「会社は一人ではできない」ということを知ったときから、会社がうまく回るようになっていきました。

本章では、そのことについて書いていきたいと思います。

会社は一人ではできない

「Emiria Wiz」の会社を作り、その中で働くようになってから、数人での打ち合わせや仕事が増えてきました。新しい洋服の企画会議、ウェブサイトのデザインの打ち合わせ、店舗とのミーティング、撮影など、毎日多くの人と交わる機会があります。

それに比べてキャバ嬢は個人プレーの仕事です。ほかのキャバ嬢と一緒の席につくこともありますが、基本的には「たまたま一緒になった個人と個人」という感じで、一緒に仕事をしているという感覚はありません。

キャバ嬢と社長業、どちらも一人でする仕事だと思っていましたが、全くの別物です。

「Emiria Wiz」の仕事はやろうと思えば一人でこなすこともできます。ウェブサイトは制作会社に依頼し、洋服はデザインのイメージを伝えて、実際の生産を専門とする会社に作ってもらえます。自分でするのは発送作業やお客さまの対応をするカスタマーセンターとしての作業だけ。実際に初期の頃は、発送とカスタマー以外は一人でやっていました。

しかし、次第に注文量が増え、商品数も増やさないとならなくなると、自分一人では手が足りません。、求人を出して人を採用することにしました。

「仕事」は「事に仕える」と書きます。「役割に仕える」ということだそうです。カスタマーならカスタマーの仕事、発送なら発送の仕事……というように、それぞれの「事」に仕えるのが仕事だという意味です。

私もそのとおりだと考えていて、その仕事をやっているのなら、その責任はその人にあると思っていました。できるのがふつうで、できないのがおかしい、できないのはその人が悪い、と考えていました。

「カスタマーなんて簡単じゃん。なにかあったら謝って対応すればいいし」

「発送なんて、送るだけでしょ？」


そんなふうに、なにかあるたびに高圧的な言葉を言っていました。振り返るとひどいのですが、キャバ嬢時代は、それがふつうだったのです。

「私がお客さまを呼んでいるのだから、店は私に感謝してほしい」と思っていたので、スタッフの些細《ささい》な間違いにも、文句を言ったり怒ったりしていました。そんな環境が当たり前でした。


そんなことが続いていたので、週に1回ほど出勤していたキャバクラが、いつの間にか私のストレス発散の場になっていました。

「ここのスタッフは、みんな私の言うことを聞いてくれる。昼間の人たちとは違う」

お客さまも優しいですし、楽しく話したり昼間の愚痴を言ったりしていました。

そんなキャバクラでの接客中、いつものように「あり得ないんだけど！　ちょっと聞いてほしい！」と、仲の良いお客さまに、昼間の仕事の不満を相談していたら、このように言われました。

「えみりは仕事はできるけど、会社ができないよね。会社は一人じゃできないんだよ」

確かに、私は仕事そのもので行き詰まったことはありません。chapter2でもお話したとおり、できないことはできる人を探します。わからないことは知ってそうな人に相談します。これでほとんどのことが解決します。あとは自分がやり切るだけ。だから、「できない」ということはほとんどありませんでした。

しかし人が増えるにつれて、決められた時間に会社へ行って、みんなと同じ空間で仕事をして、みんなと協力することが必要になっていきます。
最初は会社のデスクが密集していることにすら馴染めなくて、自分だけ違う部屋に引きこもって、必要があったり、呼ばれたりしたときだけ出ていっていました。
「なにかあったら呼んで」とは伝えてはいたものの、みんな気を遣って来ません。一人で別室に閉じこもってずっと携帯を見て一日が終わる。部屋から出てきたと思えば、一方的に怒る。そんな毎日だったので、会社の中はいつもギスギスしていました。そんな状態は3年は続いたでしょうか。一人ぼっちでいても、服は作れますし、ECサイトでは販売もできます。ぐちゃぐちゃでも会社は回ってしまうのです。

「してもらう側」からの立場の変化

なにが問題だったのか、いまならよくわかります。

「キャバ嬢社長」と言われていますが、本当にそのとおり。キャバクラのわがままキャバ嬢が、そのまま社長になってしまった感じです。

それに、ただ文句を言っているだけではありません。自分の思っていることを、相手にうまく説明することができないというのも問題でした。頭の中で考えてはいるのですが、なぜかそれをちゃんと伝えることができない。

伝えようという努力もしていませんでした。伝える必要性を考えるより先に、怒りがきてしまっていて、一方的に、「なんでわかんないの?」「なんでやってくれないの?」と責め立てていました。

本当に後悔しかありません。


たとえば、「撮影」です。

モデルとして依頼を受ける雑誌や取材の撮影は、どんな写真を撮るかが前もって決まっています。必要な段取りも準備も、私がスタジオに入ったときには全て完璧に依頼者が整えてくれています。私はその現場に行くだけ。意見を言うことはあっても、全て「してもらう」側です。

雑誌の撮影や広告の撮影に来るスタッフは、プロの集まりです。カメラマン、スタイリスト、ヘアメイク、雑誌の編集部にクライアント、スタジオのアシスタントなど、たった一人のモデルに対して、たとえ1カットの写真だけだとしても、多くの人が集まります。その全員が良い写真を作るために、モデルにも最高の環境を整えてくれます。


ところが、会社での撮影ではそうはいきません。私はモデルだけの立場ではありません。

私がどんな写真をどう撮りたいのか説明しないと、スタッフはなにを準備してなにを作ればいいのか、なにもわかりません。

私は撮影現場に入っても、打ち合わせはほんの少し。一番撮影の経験が多いにもかかわらず、私は指示をするでもなく、ほとんどスタッフ任せにしていました。

それなのに、思うようなイメージにならないときは、きちんと説明するわけでもなく、「なんでわかんないの？」「使えない！」と、毎日怒ってばかりいました。

「してもらう側」から「する側」になったことに気づかないまま、「なんでできないの？」「これが普通だから」と味方であるはずの自分のスタッフたちに一方的に文句ばかり言っていました。

加えて、私がこれまで接してきたスタッフはとても高いレベルにいる人たち。自分一人で仕事ができる、本当のプロフェッショナルです。そんな**全くレベルの違う人たちとスタッフを比べて「なんでできないの？」なんて言って良いはずありません。**

次々と人が辞めていく

相手の気持ちを考えず、考えるより先に思ったことをすぐに口にしてしまうのは撮影に限りません。

たとえばできあがってきたサンプルが気に入らなかったら、「なにこれ、かわいくない！」「あり得ない！」と、ストレートに言ってしまっていました。せっかく描いてくれたデザインをひと目見て「すごいダサい！」と切り捨ててしまったこともありました。

はっきりものを言ったほうが伝わりやすいと思っていたので、キャバクラのスタッフに対するのと同じように、言いたいことだけを言っていました。

かわいくない理由、ダサい理由は、自分の中にちゃんとあります。しかし、感情が先に出てしまい、自分が考えていることを順序立てて説明する努力もせず、ただ感情のままに怒っていました。

このようなことばかりだったので、スタッフとは衝突ばかり。連休明けは必ず誰かいなくなるという状態でした。「もう顔も見たくないです」とメッセージだけ入れて退職した人もいました。

私の会社は、人に誇らしく語れるような会社ではありません。

日本を代表する会社でもなければ、万人に利用されるような便利なコンテンツを提供しているわけでもありません。未来を変えるような素晴らしい技術もありません。ほとんどの人が名前も知らないような会社に入ってくれた社員やスタッフに対して、こんなことばかり言っていた私は本当にダメな社長でした。

それなのにスタッフが辞めていくたびに落ち込んだり、怒ったり泣いたり。やっぱり人と一緒に仕事をするのに向いていないから辞めてしまおうと思ったことが何度もあります。

しかし、そういったことが重なるうちに少しずつ、変わっていかないとならないのは私のほうだ、全ての責任は私にあるのだと思うようになりました。

感情的にならない方法

全て自分に原因があると思うようになった私は、感情的にならず、自分の考えをわかってもらうための方法を考えるようになりました。

とはいえ、相手にきちんと説明する力を身につけるのには時間がかかります。そこで、まずは**「感情を抑える」**ことを意識するようにしました。

感情を抑えるにはどうするか?

すごく極端ですが、第一段階として私は、**「とりあえずしゃべらない」**ことにしました。

当事者なので、どうしてもそのことへ感情が入りやすくなってしまいます。そこで、まずは**第三者のように、少しだけ話題から距離を取って話を聞く**ことにしました。無責任に思われますが、ものごとに対して感情のままに反応して、取り返しのつかない事態になるよりマシだと考えたのです。

すると、「かわいくない！」「ありえない！」「ムリ！」「ヤダ！」といった、感情的な言葉が口を飛び出すことが少なくなっていきました。代わりに、「ここを変えたほうが良くなりそう」「これって、この間似たようなものを作ったよね？」といった具合に、感情的にならずに話すことができました。


すると、あることに気づきました。

それは、**感情的になってしまうのは、自分勝手な思い込みからがあるからだ**ということです。**「私がこれだけ真剣に考えているのに、なんでそんなこともわからないの？」**と、思っていたのでした。

そもそも**自分の考えを100％伝えきっていないのに、相手が私の気持ちや考え**

なんてわかるはずもありません。

さらに決定的に良くないのが、仕事を頼んでおいて「ダメ」だけは言うとき。

これは、本当は自分の中で正解があります。それなのに、自分が正解を具体的に思い浮かべることができないから、人に考えてほしいと言っているだけ。そんなことは、超能力者でなければできるわけありません。

少し考えたらわかるようなことでも、**「自分が正しい」**と思い込んでいると、気づくことができません。

実際は、感情を抑えることでいっぱいで、相手の話を冷静に聞けているわけではありませんでしたが、いろんなことを考えるうちに原因もわかってきて、徐々に状況は改善していきました。

シミュレーションで、感情をコントロール

ひとまず、感情を抑えることを覚えた私は、次に「伝え方」を上達させたいと思いました。そのために「話し方教室」に通ったこともあります。でも、長い授業が退屈で、3回で行くのをやめてしまいました。忍耐力も足りないと思い知らされました。

次に心がけたのは、**あらかじめ「なにを話すか」を考えておく**ことでした。最初にこれを話す。するとこう返ってくる。そしたらこれを話す……。といったように、会話をシミュレーションしておくのです。

相手の答え方もいくつかあらかじめ考えておいて、どんな答えが返ってきてもいい

ように準備をしました。

たとえば、上がってきたサンプルがかわいくなかったときに、どう伝えるか？

以前の私だったら、ひと目見て「かわいくない！」と言い放ち、相手を嫌な気持ちにさせていたでしょう。

いまなら、見本を作ってくれたことに対して、まず感謝の気持ちを伝えます。そのうえで、なぜかわいくないのか、その理由から伝えます。

「うちのブランドは、細身のブランドだから、この服は普通の服と同じサイズ感だから、間違いじゃないんだけど、ウエストまわりがちょっと大きいよね。それだと、女の子が着たとき、太って見えちゃうかもしれない」

すると相手はどう返してくるか？「確かにそうですね」とわかってくれるか、「いや、でも……」と反論してくるのか？どんなパターンにも対応できるように、返し方を準備しておくのです。

こうきたら、こう返すだけ。

すると、自分の心にも余裕が生まれ、感情をぶつけて相手を傷つけることも、少なくなりました。

話すタイミングを考える

話すタイミングも重要です。せっかく準備をしていても、**タイミングが悪ければ聞いてもらえないことがある**からです。

話すときは時間があるほうがいいと思った私は、会社のスタッフにＬＩＮＥで「明日、このことについて話したいんだけど時間ある？」と、あらかじめ伝えることにしました。

いきなり話しかけても、時間がないと話の内容が適当になったり、進まなかったりします。

私はいま、もともと働いていたキャバクラ「フォーティーファイブ」のプロデューサーとして、スタッフと共に楽しいお店を目指して店作りをしています。

キャバ嬢の相談に乗ることも多いのですが、その場合、ちょっと元気がないな、落ち込んでいるなと思ったら、話すのは別の日にすることもあります。メンタルの状態で話を聞けるかどうか変わってくるからです。

お店で話すと真剣になりすぎてしまうので、「ちょっと外で話そう」と誘って、カフェに行くこともあります。「場の雰囲気」も、コミュニケーションにおける大事な要素です。

いくらまともな話でも、**相手が耳を傾ける状態になければ、なにを言っても伝わりません。**同じ話を何度もするわけにはいかないので、**大事な話は相手がしっかり聞ける状態にあるタイミングで、場所を選んで話す**ようにしています。

まずは相手の話を聞く

しかし、タイミングと場所をいくら考えても、なかなか聞く耳を持ってくれない人もいます。

まさに昔の私のように、自分の感情ばかりで話して人の話はあまり聞けない人……。そういう人に聞く耳を持ってもらうのはすごく難しいことです。こちらから意見を言ってしまうと、黙り込んでしまうこともあります。聞きたくない気持ちが先に来てしまうからです。

そういう人に対しては、こちらの話は脇に置いて、まず自分や会社の不手際から話すようにします。「そういえばこの間、こういうことがあったと思うんだけど、あれ、本当にごめんね」という具合です。

そうして、**向こうの不満や気になっていることを先に聞いてみる**のです。すると、相手もしっかりと話してくれるようになります。

回り道かもしれませんが、**一方的に伝えるのは「会話」ではありません。会話は双方が話して初めて成立するものです**。話す前にその関係を先に作ります。

昔はなんでもすぐ電話して、思ったことをストレートに伝えていました。しかも、鬼電……。相手には相手の言い分や思いがあります。それを無視して一方的に「こういうことがあったんでしょ？　なんでそういうことするの？」と、怒っていました。

自分と相手の状況を考え、タイミングを選んでまずは聞く。そのうえでこちらの話をする。

それが、5年かけて私が編み出した「理解してもらう技術」です。面倒に思われるかもしれませんが、これができるようになってからは逆に、社内の業務も減り、会社は大きく変わりました。

価値観は人それぞれ違う

会社がぐちゃぐちゃだったのは、私の伝え方が悪いだけではありません。

具体的な指示を出していないのに、要求するレベルだけは一丁前という感じでした。

「残業してでも、明日までにこれを仕上げておいて」と、平気で仕事を依頼していました。仕事が片付いていなければ、「なんで終わっていないのに帰ったの？」「なんで頑張らないの？」と、怒ったりもしていました。

当時は、「仕事なら頑張るのが当たり前」と思っていたのです。

「仕事は完璧にやるのがいい」「頑張って、たくさんお金をもらうほうがいい」

キャバクラしかやったことがなかったので、そういう働き方しか知らなかったのです。みんな同じだろうと思って、頑張ることを押し付けてしまっていました。そんな私についていけず、去っていく人もいました。

人生には優先順位があります。私は仕事が一番ですが、人によっては家族が一番かもしれないし、趣味が一番かもしれません。**優先順位は人それぞれ違います。**しかし、キャバ嬢というわかりやすく、成績の出る仕事をしていた私は、全ての人が同じ優先順位だと勘違いしていました。

いま思うとキャバ嬢の中でも1週間の旅行に行く子もいるし、昼間学校に行っている子もいます。昔は、そういう子は不真面目なキャバ嬢なのだと思っていましたが、そうではなく、単に、優先順位が違うだけなのだと思いました。

そのことに気づいたのは、「Emiria Wiz」新宿店の店長を任せていた女性スタッフが退職したときでした。

彼女は「渋谷109」のポップアップストアをしたときに、同館内のほかの店舗で働いていました。ポップアップストアにも来てくれていたそうです。「Emiria Wiz」新宿店がオープンするときの新規スタッフ募集に応募してきてくれたのでした。

1年が過ぎた頃、私はその店長に、本社への異動を強くすすめていました。店舗での立ち仕事は年齢を重ねるほど体力的に負荷がかかります。それなら、本社で事務の仕事をしながら店舗を全体からマネジメントする仕事をしたほうがいい。そうしてお給料も上がったほうが、本人のためにもなると思ったのです。

でも店長は、「私は接客が好きだから、ずっと現場にいたい」と言いました。

私はその彼女の考え方を、全く理解できませんでした。「まさかそんなことがあるはずない」とまで思っていました。

「あなたのためを思って言っているのに、なんでわからないの？」

こんな自分勝手な発言をしていました。

何度も言い過ぎてしまったのでしょう。「これからも販売員としてお店に立ち、販売員としてのキャリアを積みたい」と、店長は退職してしまいました。

そんな彼女を見て、**自分とは違うものを幸せだと感じる人がいる**のだと初めて気づきました。

真面目な人だったので、仕事が一番の優先順位にあるのだと思っていましたが、彼女が大切にしていたのは、仕事の「やりがい」だったのだと思いました。

「仕事が一番大事」という価値観の人でも、「稼ぐ」ことが大事な人もいれば、「やりがい」が大切な人、「出世」が大事な人もいます。「仕事＝お金」でもありません。私は、自分の価値観が正しいと、勝手に押しつけているだけだと理解しました。

彼女との出来事を通じて、自分自身のことを一つ理解しました。

キャバ嬢の仕事の対価はお給料なので、私の優先順位は「仕事してお金を稼ぐこと」だと思っていたのです。

しかしそうではありませんでした。「お店で一番になりたい」「歌舞伎町で一番になりたい」「モデルとして認めてもらいたい」……**昔から私の優先順位の一位は、「仕事を通じての自分の成長」だった**のです。

幸せに働ける職場を作る

店長が去ったことで、私の心境に変化が訪れました。

まず、スタッフに何かを強制するのをやめました。

いまみんなには、「何時までいるの〜? 早く帰ってくださ い〜!」「明日でもいいですよ〜」と言うようになりました。

スタッフは、私のために働いているわけではありません。優先順位は人によって違うし、**仕事は人生の一部分にすぎないのだから、決まった時間の中でしっかりやってもらえればいい、と思うようになった**のです。

すると不思議なことに、「これを仕上げたいから、今日はもう少し残ります」と、スタッフの中に自発的に動いてくれる人が出てきました。いまでは、「これを今日やらないと間に合いませんよ！」と、私が怒られるほどです。

いま、「Emiria Wiz」のお店には、販売ノルマがありません。多くのアパレルのショップでは販売ノルマが課せられます。でも、ノルマがないからといってスタッフが怠けるかといったら、全くそんなことはありません。

販売ノルマだけでなく、お店によってはスタッフが自腹で自社の服を買わなければいけません。店舗に並んでいる服を、お客さまに着て見せるためです。

「Emiria Wiz」は、店舗の販売スタッフには私のサンプルを渡して着てもらっています。逆に「渡しすぎです」と、在庫管理のスタッフに怒られてしまうほどです。

店舗に来てくださったお客さまへの接客やイベントの打ち合わせは毎週行っていますが、売り上げについてなにか言うことはありません。

そのせいか、離職率が高いとされる販売スタッフの退職がほとんどありません。また、本社の離職もみるみる減っていき、今度は長くいてくれるスタッフに感謝できるようになりました。

そうして結果的に、ベテランスタッフの活躍により効率的に業務が回るので、私も次々に新しいことにチャレンジすることができています。

休日もなるべく多くなるように工夫して、残業もないようにしています。

私は日中、撮影やほかの予定が入っていることもあるので、打ち合わせの時間がずれこんで、就業時間を過ぎてからの打ち合わせになる日もありました。いまは、会社以外の予定はほぼ土日に設定するようにしています。

社長といっても、私も会社の一員です。みんなと予定を合わせて、うまく会社が回るようにスケジュールの入れ方を見直しました。

仕事以外のストレスはなるべく少なくして、「小さいけど、良い会社で働いている」と思ってもらえたら嬉しいからです。

先日、「Emiria Wiz」の店舗で「スタッフ連絡ノート」を見つけてしまいました。チラッと見てみると、ビッチリといろんなことが書いてありました。これは私が指示したものではありません。スタッフが前職で使っていたものを参考に、自発的にみんなで作ったものらしいのです。眺めていると、お店を良くしようと思っているのを感じて、すごく嬉しかったです。

どうせ辞めるなら意味がない、といじけていた

創業当初から、「スタッフが幸せに働ける職場にしたい」とは思っていました。でも、どんどん人が辞めていくので、「どうせ辞めちゃうなら、良くしても意味ないや」と、諦めていたのです。私のひどい対応のせい、自分のせいなのにです。

人が辞めていくから、良い職場にしようと思えない。だからもっと人が辞めていく……。以前は、そんな悪循環がありました。

せっかく自分の会社を選んでくれたのだから、こういう経験を積んで、こういう成長をしてほしい……ということも当初は考えていました。しかし、いまはそう思うこともなくなりました。**成長も強制することはできません。自分が良い環境を作っていれば、自然とそれぞれ自分に必要なものを吸い取っていってくれると思うからです。**

辞める人に対しても、快く送り出すようになりました。**ここで働いたことが、今後の人生において、なにか良い経験になってくれればいいと思っています。**

しかし、いまは退職者も大きく減り、店舗のスタッフの退職も、年に一人ほどです。本社に至ってはほとんどいません。

現在、voyage単体で最高月収は2億5000万円を上げるまでに成長し、スタッフも30名を超えるまでに増えました。美容関係のプロデュースやキャバクラのプロデュース、広告代理店の仕事など経営も多角化し、自分が想像していた以上に、順調な成長を遂げています。

でも、それは私がすごいからではありません。スタッフのおかげです。

もともと私には、社長という意識があまりありません。いままでは、自分の常識が正義の口うるさい社員でしたが、いまは「ちょっとわがままな社員」という感じでしょうか。スタッフとは対等の立場にあると思っていて、命令することはありません。

少し前までは、自分が一番になることだけを考えていたのに、我ながらすごい変化です。まだまだ模索中ですし、不器用ですが、やるからには働くみんなにとって「楽しい場所」を作りたいと思っています。

一番のお店を作る

株式会社voyageを立ち上げた2014年。私は4年半働いた「ジェントルマンズクラブ」を卒業し、同じ歌舞伎町にある「フォーティーファイブ」に移籍しました。もしお店を格付けするなら、「ジェントルマンズクラブ」は文句なしの五つ星。一方、「フォーティーファイブ」は三つ星くらいでしょうか。

場所は歌舞伎町の中心といえる「風林会館」がある区役所通りと花道通りがぶつかる交差点から少し歩いたところです。外階段があり、直接お店に入ることのできる立地の良いお店で、「ジェントルマンズクラブ」から歩いて2～3分の場所です。

なぜ、せっかく入店した歌舞伎町トップと言われていた老舗店を辞めて、ほかのお店に移籍したのか？　それには理由があります。「ジェントルマンズクラブ」は、私のキャバ嬢人生で最も大切な場所。私の青春の場所です。

だからこそ、昼の仕事中心で、出勤もほとんどしないような私がいると、「ジェントルマンズクラブ」の名前を落としているような気がしたのです。お店がなにか言うことはありませんでしたので、私の勝手かもしれませんが、**「私が頑張ったお店は適当に働いて良いお店じゃない」**という思いがあり、退店することにしました。

「フォーティーファイブ」の店長は昔からの知り合いで、「好きなときに出勤してくれればいいから」と言ってくれました。昼間の仕事を中心にしながら、お客さまに呼ばれたときや時間の都合が付いて出られるときに出勤する。そんな働き方を求めていた私は、「ジェントルマンズクラブ」を離れたことで、少しホッとしていました。

慣れない昼間の仕事の日々の中、夜の世界が心地良く、ストレスの発散にもなり、当時の自由な「フォーティーファイブ」は、私にとって最適な場所でした。

しかし、ホッとしていたのもつかの間、「仕事を通じた自分の成長」が価値観の一番にある私は、だんだんこのお店を変えていきたいと思うようになったのです。

当時の「フォーティーファイブ」は、「ジェントルマンズクラブ」と比べると、あらゆる点で改善すべきところがありました。ストレス発散のためにお店に来ているのに、接客レベルが低くて、逆にストレスが溜まってしまうこともありました。

まず、「フォーティーファイブ」はお店が閑散としています。「ジェントルマンズクラブ」は平日も混雑していましたが、「フォーティーファイブ」はお客さまがまばらにしかいません。

さらに、内装も暗く、かかっている音楽もしんみりしていて、気分を盛り上げてくれるものではありませんでした。

男性スタッフのレベルの低さと、接客のクオリティの問題は大至急変えないとならないと思ったほど。プロ意識の高いスタッフばかりだった「ジェントルマンズクラブ」と比べ、当時の「フォーティーファイブ」は真逆でした。

「働きやすい店作りを目指している」と当時の幹部スタッフは言っていましたが、働きやすいとはなにも言わないことだと思っていて、「時給分だけ稼げばいいいや」という雰囲気が、女の子の間に定着していました。もちろんその中にもちゃんし働いている子や、接客が上手な子もいましたが、それはほんの4~5名でした。

この状況は女の子のせいではありません。原因は男性スタッフにあります。「お客さまを呼んでくれる女の子たちのためになにかをする」という発想がないのです。店長をはじめ幹部スタッフは、「接客」と「業務」の意味を履き違えていて、「お客さまに良い時間を過ごしていただく」という意識が薄く、ただ注文を聞いたり、灰皿を変えたりするだけ。女の子の名前を呼びつけて、文句を言うこともありました。私が「Emiria Wiz」でやっていたような環境作りをするスタッフもいません。女の子への対応はスカウト任せ。お客さまへの対応は女の子任せ。売り上げはお客さま任せ……。全部人任せの姿勢でした。それなのに偉そうなことを言う様子は、まるで昔の私がたくさんいるようでした。そのような環境で、女の子はよく辞めずにやってきたと思いました。

お客さまは正直です。「どうしてこんなお店に移ったの?」と言われることもしばしば。「愛沢えみり、落ちたよね」という同業者の陰口も、耳に入ってきました。

それでも、入店して2年ほどは「それでもいいや」と思っていました。

昼間の仕事も大変でしたし、私も第一線で頑張っているわけではなく、出勤も少なかったので、自分のペースでやっていけばいい、と考えていたのです。

この状況を変えたい気持ちはありましたが、しっかり責任持って取り組んで、ほぼ全部を変えるくらいの気持ちがないと難しいとも思っていました。

しかし、2年がすぎたある日、「キャバ嬢としてではなく、裏方をやってみたい」という気になったきっかけがありました。

昼間の経験をキャバクラへ

変化が訪れたのは、「maison de beauté」を立ち上げてしばらくしてからのこと。

私は、「maison de beauté」に参加してくれるキャバ嬢を探しに全国のキャバクラに出かけていました。売れっ子が在籍するお店は、どこも繁盛していて活気があります。

私が行くとお返しに「フォーティーファイブ」に来てくれることもあるのですが、私のお店だけ繁盛していないのです。

「売れっ子だけで頑張ろう」とみんなを引っ張っていく立場なのに、お店が閑散としていては説得力がありません。

出勤をしなくなっても「歌舞伎町ナンバーワンキャバ嬢」と言っていただき、メディアなどにも出していただく機会があるのにもかかわらず、在籍しているお店に勢いがなければ、看板を偽っているようにも思ったのです。

「愛沢えみりは有名だけど、店はちょっとね……」「歌舞伎町一、流行らない一流店」と、言われることもあり、だんだん恥ずかしくなってきたのです。


きっかけはさらにもう一つありました。

chapter3で書いたように、「maison de beauté」の運営を通じて、自分が一番でいることが全てではないと思ったこと、トッププロとは業界のことを考える人だという気持ちが、私をその気にさせました。

北新地の門りょうさんや、名古屋のエンリケさんのような素晴らしいキャバ嬢が登場し、歌舞伎町はちょっと勢いの足りない街のようにも感じられていたので、「私が働いていた歌舞伎町もすごいんだ」と、全国の人に思ってもらいたいと思いました。

ただ、第一線を離れた私が、再びキャバ嬢として戻るわけにはいきません。この頃、すでにキャバ嬢の引退も意識していました。

しかし、「maison de beauté」で全国の勢いのあるお店を見てきた経験に加え、アパレルの会社も回せるようになった社長としての経験あれば、「フォーティーファイブ」を立て直すことができるのではないかと思いました。

どうせなら、**自分が最後に在籍していたお店を歌舞伎町で一番のお店にして、それから引退したい**。自分ではなく、今度はお店を「一番」にして、歌舞伎町のキャバクラっていいよね、と思ってもらいたい。

それが私のキャバ嬢としての、最後の使命だと思うようになったのでした。

言葉だけでなく、行動で伝える

まずは、店内の雰囲気を変えることから始めました。

キャバクラは「空間」全体で楽しんでいただくものです。「フォーティーファイブ」に入店したときの第一印象は「暗い」でした。照明というより、雰囲気が暗いのです。照明を明るくしてもＢＧＭを変えても、なにかが暗い。

女の子たちに「どうしてこんなに暗いんだろうね？」と聞いてみると、女の子たちはこのように話してくれました。

「そうなんですよ、お客さまにもよく言われるんです」

このお店がダメな理由が、なんとなくわかった気がしました。

お店に問題があることは、みんな薄々わかっている。でも、それが**「当たり前」になってしまっていた**のです。男子スタッフもキャストも、「ダメと言われてふつう」で、ネガティブなのがふつう。誰も「変えよう」と思っていなかったのです。

だから、私が率先して声を上げるしかありませんでした。


しかし、「ダメなことがふつう」になってしまっている人に、「変えたい」と思ってもらうのはとても大変なことでした。

お店の内装を変えたり、照明を明るくしたりすることはすぐにできます。しかし、意識を変えてもらうには、「変われば、売り上げが上がる」「変えることには意味がある」と思ってもらわないとなりません。

言葉で伝えるだけでは足りない。そこで、私の接客を見てもらおうと思いました。

まず私は、週1回くらいだった出勤を2~3回に増やしました。昼間の仕事があるので、毎日というわけにはいきませんが、なるべく出勤して、誰よりも明るく接客するようにしました。

「ありがとう」の言葉や笑い声もなるべく大げさにしました。シャンパンを入れてもらったときには、楽しさを周りにも伝染させるために、シャンパンコールのようなものも取り入れ、スタッフ全員で乾杯をしました。

次に取り組んだのは、スタッフの意識改革です。

スタッフに関しては、言葉で伝えていくしかありません。怒るのではなく、「Emiria Wiz」で学んだように、一つずつしっかり説明していく。「Emiria Wiz」の会社に昼間からきてもらって、週1回の会議もスタートしました。

まずは仕事の意識からです。**「なにが起きても自分の責任。人のせいにしない」**ということを、何度も繰り返し伝えました。

しかし、それでも次のようなことをよく言われました。

「今日は街が暇だから、お客さまが少ない」

「女の子の面接が来ない」

「女の子が営業しない」

「女の子のやる気がない」


結局、全部人のせいです。

街が暇でもお店が魅力的であれば、お客さまは来店されるでしょうし、女の子の面接が来ないのも、お店に魅力がないからです。女の子や時期のせいではありません。営業しないのは女の子の教育ができてないのが原因です。やる気がないのも、お店が働くメリットを伝えられていないからです。

いままで人のせいにしていた黒服のスタッフたちに、一つひとつそれは全部自分たちの責任だと伝えました。女の子たちは、自分たちと同じスタッフではなく「商品」であること。だからこそ、「大切に育てて、気持ち良く働いてもらえるようにする」という、本来は当たり前のことを毎週何度も話しました。

その結果、何人かのスタッフが居心地の悪さを感じ、辞めていきました。とても残念ですが、考え方の違いはどうしようもありません。人数は少なくなりましたが、盛り上がっていないお店だったので丁度良くなったのかもしれません。3人で始めた

「Emiria Wiz」のように、成長とともに人数を増やしていけば良いだけです。

非日常を演出するための装いを

次に私がやったのは、インスタグラムの活用です。「フォーティーファイブ」という存在があること、そこにどんな女の子がいるのかを知ってもらわなければ、お客さまの選択肢にすら入らないからです。

女の子の写真をどんどん撮り、本人やお店のインスタグラムに載せました。おそらくですが、「フォーティーファイブ」はお店自体がインスタグラムをちゃんと活用した初めてのキャバクラだったと思います。それまでは、インスタグラムのアカウントがあるお店はありましたが、宣伝に使うお店はなかったと思います。

当初は女の子もスタッフも撮影に慣れていないので、撮り方がわからないという人もたくさんいました。そこで最初は私が全部撮影をしていました。かわいく写るコツも、手取り足取り伝えました。写真だけを撮りに、お店に行くこともあれば、

「Emiria Wiz」のカメラマンに頼んで写真を撮ってもらうこともありました。

すると、実は「フォーティーファイブ」にはかわいい子がけっこういたのです。お店が女の子をアピールもせず、雰囲気も暗かったため、宝の持ち腐れになっていただけで、光るものを持っている女の子がたくさんいました。

女の子たちには、服装や髪型についても、細かくアドバイスをしました。

繰り返しですが、キャバクラは「空間」です。接客は一対一のテーブルですが、女の子とスタッフ一人ひとりが「非日常」を演出して、お店全体でお客さまを「非日常」に連れていく「空間」なのです。

たとえば、出勤前にヘアセットにちゃんと行くこと。ヘアセットはキャバクラに勤務するなら当たり前だと思っていたのですが、お店がしっかりと伝えていなかったために、ヘアセットに行かないで出勤してくる子も多かったのです。

髪の毛が伸びて「プリン」のようになっている子には、カラーリングに行くように伝えました。

靴に関しては、透明のクリアサンダルはやめてもらうようにしました。身長が高く見えるので、キャバ嬢の間で以前は流行っていましたが、ビニール製なので安っぽく見えます。ちゃんとしたヒールを履くようにすすめました。

バッグも小さめの上品なものを持つように伝えました。安そうに見えたり、中身が見えたりするものはやめるように伝えました。

まずは見た目を変えていくことで、初めてのお客さまが来たときに、パッと見てほかの人気店と遜色《そんしょく》ない雰囲気にしたかったのです。

このように、細かい決まりを作りましたが、どれも「ジェントルマンズクラブ」では、当たり前だったこと。

お客さまはいろんなお店の選択肢の中から、どの店に行くかを決めます。**まずは一流店と呼ばれるお店の「ふつう」の基準まで行かなくては、人気店には到底なれません。**

魔法のような「営業法」はない

見た目や空間の次は、お客さまと接するうえでのコツもどんどん伝えました。

よく質問があるのは、営業の方法です。みんな営業の方法を聞きたがりますが、そもそも営業はそこまで大事なことではありません。連絡をして来てもらうなんて、相当自分に自信がある人じゃないとできません。

お客さまはさまざまなキャバクラに行っています。その中で自分が間違いなく一番なのであれば、営業することで来てくれるかもしれません。しかし、そうでなければ連絡すら返ってこないし、返って来たとしてもよくあるデートのお誘いです。

私は、「お店に来てほしい」というような営業はしていません。素直で楽しい接客で自分からその場を楽しみ、また来てもらいたいという気持ちで接客することを第一にしていました。

電話やLINEの内容に、特に中身はありません。電話なら「なにをしているの？」と聞くだけ。LINEはスタンプだけを送ったり、挨拶や自分の出来事を送ったりしていました。仲の良い友人に送るようなものばかりです。

大事なのは接客です。キャバクラはお店に来ていただいて接客するのが一番の仕事。その接客を楽しくすれば、いつも飲みに出られているお客さまなら、営業をしなくとも来てくれるはずです。**接客は営業より大切です。**

それを踏まえたうえでの電話やＬＩＮＥを使った営業の方法であれば、教えることはできます。しかし、電話やＬＩＮＥだけで来てもらえるような、魔法の営業方法はありません。

接客のコツや話し方なども聞かれたときには説明します。誰にも教わらず、全部自分で体得していったテクニックばかりです。すると、女の子たちの中からやる気を出してくれる子も現れ、少しずつお店も混み始めてきました。

環境が人を変える

照明も明るくし、スタッフも明るく生まれ変わり、女の子の意識も上がってきました。次は採用です。

それまでのように「働きやすいお店」をアピールするのではなく、「楽しいお店」だということを前面に打ち出して、「フォーティーファイブで働きたい」と思う女の子をインスタグラムで採用していきたいと思いました。

毎日がパーティーのようなお店。歌ったり騒いだりしている様子を、下品にならないように気をつけながら、投稿していきました。

そうして、お店もどんどん盛り上がっていきました。「かわいい子がいる」という声も聞こえてくるようになり、週末には満席の日も多く見られるようになりました。

2017年末には、一条響さんが「フォーティーファイブ」に移籍してくれました。お店の雰囲気が明らかに変わったのは、このときからだったと思います。

歌舞伎町だけではなく、全国からお客さまが来てくださるようになり、「フォーティーファイブはすごい」と言われるようになりました。お店の話題との相乗効果で、響さんの売り上げもどんどん良くなっていきました。

お店も同業者から一目置かれるようになりました。久しぶりに来店されるお客さまも増え、明らかに女の子たちの接客も変わりました。環境が人を変えてくれるのです。

「落ち目の店にいる自分」よりも、「みんなからすごいと言われる店にいる自分」のほうが、仕事も楽しくなります。自分の仕事にも自信が持てます。「楽しいから頑張ろう」と思いますし、評判にふさわしい接客を心がけるようになります。

男子スタッフもたくさん集まり、正社員の人数も以前の倍になりました。なるべく若いスタッフを採用するようにして、明るくて楽しいお店にしていくつもりです。

こうしてお店全体に、ポジティブな空気が漂うようになりました。そうなると、物事はどんどん良くなっていきます。

2018年8月にはお店の全面改装をしました。暗かった照明をさらに明るく、高級感がありながら、元気で楽しいお店をイメージしました。

新しくできあがった内装はイメージどおり。お客さまからの反応も良く、オープンイベントの3日間は、過去最大の入客数を記録し、大盛況でした。

お花も歌舞伎町でいままでにないくらいたくさんいただき、まさに「フォーティーファイブ」が生まれ変わった〝決定打〟になりました。おかげさまでいまは、「歌舞伎町で一番のお店」と呼ばれるほどにまでなりました。

幸いなことに、「フォーティーファイブ」のみんなは私の言うことを素直に聞いてくれました。少しは反発があるかと予想していましたが、ほとんどありませんでした。

過去の実績に助けられた部分は大きかったですが、それ以上に、私自身がお客さまを呼んで、ほかのキャバ嬢と同じように働いていたからだと思います。自分から率先して動いて、行動で伝えたのが良かったのかもしれません。

口ばかりの人になにか言われても、人は動きません。なんの説得力もないからです。

また、昼の仕事を通じて、「伝え方」が上達していたのも大きかったと思います。昔の私だったら、感情のまま「こんなのダメ！」などと言って、反感を買っていたと思います。昼の仕事を経験していて、本当に良かったと思いました。

一人ひとりが主人公

いまお店に来て、働いている女の子たちと接していると、昔の自分を思い出します。やる気に溢れて頑張っていて、売れている女の子はキラキラしています。ただ、一生懸命で実力があるからこそ、反発してしまいがちです。プライドが出てきて、「自分はすごい」と思ってしまうのです。

しかし、chapter1でもお話ししましたが、すごいのはお金を払うお客さまです。

「自分がすごい」と思っていると、自分が正しいという気持ちになります。すると、なにかあるたびに「私はこんなに頑張っているのに、なんでわかってくれないの？」

と思ってしまうのです。

お店の子の悩みを聞くたび、勉強になっている自分がいます。人に教えることが勉強になるといいますが、それは本当のことでした。

私も、キャバクラやアパレルを「誰よりも頑張ってきた」と思っていました。

しかし、なかなか人がついてきてくれなかったり、思うようにいかなかったりしたことも少なくありませんでした。コミュニケーションのテクニックだけを磨いて、形は良くなっても、根本的なことは解決していなかったのかもしれません。

いままでは他人に気を遣うことはしても、目的は結局自分のためです。自分の要望を通すため、自分の仕事をうまくいかせるためにやってきたことです。

しかし、今回は違います。

「maison de beauté」の運営やキャバクラのプロデュースという仕事を通じて、「自分よりほかのキャバ嬢」「自分よりお店」と、初めて自分以外の人のために動くことができました。

そうしてわかったのは、**人のために仕事をするほうが、自分一人で仕事をするより**

得るものが大きいということでした。

それぞれのキャバ嬢のポジションや立場を考えて話したり、スタッフや女の子どうしのコミュニケーションが円滑になるようできることをしたり。悩んでいる子がいたら相談に乗ったり、お客さまに謝罪したり。そうやって**自分以外のために仕事をするというのは、全体のことを考えるということ**。

これは社長にとってとても大事なことで、キャバ嬢から社長になった私に最も必要なことだったのかもしれません。

人はみんな自分の人生の主人公です。「社長だから」「先輩だから」「上の立場にあるから」と言って、誰かに仕事をさせるというのは間違いでした。相手に対する思いやりの気持ちを持って接すれば、相手も素直に話を聞いてくれます。相手のメリットにもなる話なら、人は必ず耳を傾けてくれます。

私は2019年3月をもってキャバ嬢を引退しましたが、今後もキャバクラのプロデュースは続けます。新しいお店も作りたいと思っています。

キャバ嬢はずっと続けられる仕事ではありません。いつか必ず引退する日が来ます。

女の子たちが引退後振り返ったときに「フォーティーファイブで働いて良かった！」と思ってもらえるお店作りをしていきたいと思います。

理想は、お店に来たら女の子もお客さまも元気が出るお店です。そして競わせないお店です。売り上げを張り出すことはせず、みんなが自然と頑張れるお店です。そんな、満足度の高いお店を作りたいと思っています。

そして、引退や結婚をしたとしても働けたり、昼間の仕事をしたいと思ったらサポートできるような体制も作れたらいいなと考えています。

目指すのは「日本一楽しいお店」。

これまでのたくさんの経験を生かして、一人ひとりが楽しく働ける場を作っていけたらと思っています。

その人の立場になって考える

これまで、私が経てきた学びと、私自身の変化についてお伝えしてきました。

会社を立ち上げて約5年。一番成長したと思うのは、「怒らなくなったこと」です。

完全な我流ですが、身につけてきたものです。


怒らないコツは、とてもシンプルです。

「相手が悪いと思っても、それは仕方ないと思うこと」です。

明らかに相手に非がある場合でも、なぜそうなってしまったのか、理由を落ち着いて聞いてみます。

たとえば、上がってきたサンプルの縫製が雑だったとします。昔の私なら、「なにこれ、汚い！　やり直して！」と怒っていたでしょう。

いまの私なら、こう考えてみます。

「縫製が汚いのは、使っている工場が悪いのか、納期が短かったのかどちらか。この人のせいではない」

自分の中で、その人の立場に立ち、その人の味方になることで落ち着きを取り戻し、物事を考えることができるようになりました。

相手の立場に立つというのは、慣れないとストレスがかかる考え方だと思います。しかし、実践するうちに、物事がうまくいくようになると思います。

相手を「なんで？」と責めるのではなく、共に改善策を探すこと。相手も縫製が汚いのはわかっているはずです。**それを一緒に解決することで、自分の仕事がうまく回るだけではなく、相手からも感謝されます。**

怒ることは、相手も嫌な気分になるだけでなく、自分も疲れてしまいます。

しかし、**相手の立場に立つストレスと、自分が怒るストレスを比べると、自分が怒**

るときのほうがストレスが大きく、その後の人間関係にも引きずってしまいます。

もしそのときに、怒らず一緒に原因を考えて解決できたら、ストレスがかからないだけでなく、自分のプラスになることでしょう。

怒らなくなってから、仕事の量は増えているのに、以前よりも疲れなくなったことにも気づきました。相手の立場に立つことで、いままでストレスだったことが、全部プラスになっていきます。

考え方一つで人生がプラスになるのであれば、人の立場を考えて行動するほうが良いと思いませんか？

chapter

5

ありのままの美しさ

美容クリニックはモチベーションになる

いま「Venus Beauty Clinic（ヴィーナス・ビューティー・クリニック）」という美容クリニックのプロデュースをしていて、私ができることをお手伝いしています。

もともと美容は大好きで、昔から携わりたいと思っていました。

美容は頑張るモチベーションになります。会社のビジョンとして掲げている「全ての女性に勇気を与える」とも合致しています。

私は美容が好きといっても、もともと性格的にこまめにやるのが好きなタイプではありませんでした。いまでこそ勉強して、その重要性はわかるようになりましたが、以前は高いものを使っていればいいと思っていましたし、面倒だという理由で、サプリメントも飲んでいませんでした。

そんな私が人前に出たり、キャバ嬢やモデルを続けてこられたのは、クリニックに通っていたからです。

少々お値段が張ってもクリニックに定期的に通って、しっかり改善してもらうほうが好き。気休めではない、本当の効果が得られますし、特別感があります。

「クリニックに行って、きれいになろう」

それが頑張るモチベーションの一つになっていました。

勉強するごとにその重要性を知り、いまではクリニックなしでは生きていけないと思うほどです（笑）。

最近は家でこまめにケアをするようにもなりました。飲むのが面倒だったサプリも毎日飲んでいます。おかげで嫌いだった水も飲めるようになり、一石二鳥どころか三鳥も四鳥も得ることができています。

クリニックは会社のそば、新宿三丁目にあります。メニューは医療による美肌、美白、小顔、痩身、脱毛。私も全て経験しています。医療はエステより、敷居が高い感じがしますが、そんなことはありません。初めての方こそ、ぜひ体験していただきたいと思います。

興味のある方は、ぜひウェブサイトをのぞいてみてください。女性はもちろん、男性の方も大歓迎です。

「世界中の女性に勇気を与える」というビジョンを達成するうえで、美容は今後、カギになってくると思います。

お洋服には好みもあれば流行もあります。しかし、美容はあらゆる女性の求めるものです。年齢も関係ありません。若い子からご高齢の方まで、あらゆる世代にも共通することです。「きれいになりたい」という願望は、どの国でも、いくつになっても変わりません。

いまはまだアパレルの仕事がメインで、美容の仕事はスタートラインに立ったばかりです。

しかし、美容の仕事もいろんなチャレンジをして、アパレルと美容の仕事を両立していきたいと思っています。

コンプレックスは「直す」もの

私にはコンプレックスがありません。

それは、自分が完璧な人間だと思っているという意味ではありません。いまの時代、**ほとんどのコンプレックスは「直せる」**からです。

見た目のコンプレックスなら、美容整形でほとんど改善できる時代です。

美容整形の技術は、昔と比べて格段に進化しました。もし、本当にコンプレックスを感じているのなら、ぜひ相談してみてはいかがでしょうか。

性格など、内面の嫌なところも努力すれば直せます。

外見も内面も、だいたいのコンプレックスは改善できるもの。**改善できるものを悩み続けることに、意味はありません。直るものはコンプレックスではありません。直していないだけです。**

私は昔も、「コンプレックスはない」と思っていましたが、いまとは意味が少し違いました。

以前は、「ダメなところがあっても、これがえみりだからいいじゃん！」「できないことはできないんだから、それでいいじゃん！」と、改善する意欲が皆無でした。しかし、それではただの開き直りです。その結果、仕事はうまくいきませんでした。仲違いもしょっちゅう。だいぶ回り道をしてきました。いまは反省しています。


直さないで悩んでいるのは、自分で「直さない」という選択をしているということ。きっとそれは、自分にとってたいした問題ではないということです。本当に問題になれば、直すために動き始めます。

本当に問題なら直す。そこまでの問題じゃないのであれば、それはコンプレックスではありません。

美容クリニックに行くのも、美容にお金をかけるのも、かわいいものを着てテンションを上げるのも。見た目を整えるのは、自分に自信を持つためです。そのために自分ができることで、最も早くできる方法です。

人は人形ではありません。気持ちが大事な生き物です。**自信をつけて、コンプレッ**

クスを乗り越えれば、自然と良い笑顔になります。自信が付いて好きなことにもどんどん挑戦していけると思います。

美容整形と聞くと拒否反応を起こす人がいます。「親からもらった身体に傷をつけて……」と言う人もいます。そういう人はそれで良いと思います。

しかし、コンプレックスを抱えて人生を台なしにしてしまうより、コンプレックスを改善して、たくさん笑顔になることを選んだほうが、どれだけ良いでしょうか。自分に自信が持てれば前向きになれて、人生も明るくなります。外見だけでなく、精神的にも美しくなれる美容整形に批判的な人は今後ずっと少なくなってくるはずです。

これから美容業界はもっと進化するでしょう。年を取らないようになったり、若返ったりということができるようになるともいいます。それが良いことか悪いことかはわかりませんが、ほとんどの人がきれいでいることを望むのではないでしょうか？

自然体で美しい人のカギ

かつての自分は、夜の世界で映える「かわいい」を目指していました。昼の世界での「かわいい」と、夜の世界での「かわいい」はちょっと違うのです。

たとえば、お店は暗いので、しっかり化粧をしないとかわいく見えません。そのため化粧でできるだけ目を大きく見せたり鼻を高く見せたりして、パーツを目立たせる必要があります。

ところがキャバクラを卒業して、「かわいい」の基準が変わってきました。

いま大事だと思うのは、**「笑顔」**です。笑顔の素敵な人は、どんな人でも魅力的だなと思います。

考え方が変わったのは、海外に行くようになってからです。海外に行くと、目が合っただけで女性もニコッとしてくれます。それがすごくかわいくて、笑顔の女性は素敵だと思うようになりました。

年齢は関係ありません。誰に対してもニコッとできる女性はかわいいと感じます。注意したいのは、自分は笑っているつもりでも、相手に伝わっていない場合があることです。笑顔はコミュニケーションツールです。だから、相手に伝わらなければ意味がありません。相手に伝わるように、思いっきりニコッとしてみましょう。

ほかには、目や鼻といったパーツより、肌と髪に気を使うようになりました。

夜は街もお店も暗いので、肌や髪をきれいにしていても気づかれないのです。当時は、メイクにしてもヘアセットにしても、基本は「足し算」でした。足せば足すほど、かわいくなれると思っていました。

でも、いまは肌、髪といった**「素材」を活かす**ほうが素敵だと思うようになりました。ひと言でいえば、自然体で美しい女性を目指すようになったのです。

憧れの女性像

そんな私の理想の女性は、中国のファッションモデルで、女優としても活躍しているアンジェラ・ベイビーさんです。ちなみに、彼女は１９８９年の早生まれなので、日本なら１９８８年生まれの私と同級生になります。

「アジアでもっとも美しい女性」と言われる彼女。そのルックスばかり注目されますが、彼女の本当の魅力は内面にあると思っています。内面から溢れるかわいらしさに魅力を感じます。

インスタグラムに投稿されている動画を見てもらうと、それがよくわかると思います。バラエティ番組でも、すっぴん体当たりで企画に臨んでいます。そのとき、キラキラ笑っているのがとてもかわいい。飾らない自然体なところが、彼女の本当の魅力だと思っています。

２０１５年、俳優のホアン・シャオミンさんと結婚した彼女。結婚式にかけた費用は、なんと38億円と言われています。スケールの大きさに驚きますが、不思議と嫌味な感じはしません。

それも彼女の自然体なキャラクターがなせるわざでしょう。見栄を張っている感じがしないのです。

私はあまりテレビを見ないので芸能人にそこまで詳しくありません。たまに「好きな芸能人は誰ですか?」と聞かれるのですが、正直、全く思いつきません。

でも、アンジェラ・ベイビーさんだけは別格です。私もいつかこんな女性になれたらいいな、と思います。

40代になったら、また「かわいい」の基準が変わるかもしれません。その年齢になって初めて手に入れられる魅力もあるでしょう。**そのつど、年齢に応じた「かわいい」を楽しみたい**と思っています。

老ける女性、老けない女性

夜の世界には、年齢を重ねても若々しく、美しい女性がたくさんいます。一方、まだ若くても「おばさん」にしか見えない女性もいます。

その差はどこでつくのでしょうか？

以前、それを考えたことがあります。「私はキャバ嬢を引退したら老けるのだろうか？」「引退して老けたらどうしよう？」と、本気で怖くなってしまったのです。

しかし考えた結果、**「環境で決まる」**のだと思い至りました。

たとえば、老ける人と老けない人は、生活が違います。老けない人は、日々いろんな人と会い、しゃべって、おしゃれをする環境にいます。老ける人は、誰とも会わず家にこもりっきりの生活をしているケースが多いように感じます。

キャバ嬢でも、結婚して引退してすぐ老ける人もいれば、引退してもきれいな人もいますが、老けない人は常に出かけて人と会っています。

人に見られることがなくなれば、自分の見た目などどうでもよくなってしまいます。**老けるのは、決して年齢のせいではない。結婚して子どもを産むからでもない。老ける環境を自分で選んでいるから、老けるのだと思いました。**

ならば、キャバ嬢を引退しても人と会う環境を選べばいいという結論に至って、その不安は消えました。


人と接しないと、笑顔になる回数がぐっと減ります。

私なら、たまに家でテレビを見て笑うくらいになってしまうかもしれません。会うのも宅配便の人くらいになりそうです。でもそれでは老けてしまう。

「人に見られる」という意識を持つこと。「人に見られる」という環境を作ること。

そのためにも、いつまでも仕事をして、人と接していたいとあらためて思いました。

相手頼みの結婚はギャンブル

私も昔は、早く結婚したいと思っていました。結婚に憧れていたというよりは、とりあえず結婚すれば働かなくてすむ、ラクができるという、安易な考えからでした。

そんなとき、ある人からこんなことを言われました。

「自分の人生を全部相手に委《ゆだ》ねるの？　それってギャンブルじゃない！」

確かにそのとおりです。この変化の時代、相手が一生稼げる仕事に就けるとは限らないし、自分を養ってくれる保証もありません。そのひと言で、考えを改めました。

いまは結婚するなら、対等な関係がいいと思っています。自分も仕事を続けたいと思っています。

もしかしたら数年後には考えが変わって「家事をバリバリこなすのが好き！」と言っているかもしれません（笑）。でもいまは、そう思っています。

好きになる男性の条件

では、どんな男性が好きか？

一番の条件は、**「努力している人」**です。仕事を頑張っている男性は、かっこいいと感じます。

仕事では、お金を得るために、嫌なことも乗り越えないといけません。嫌なことから逃げずに、立ち向かえる人が好きです。

しかもそういう人は、いろんな経験をしてきているから優しい。器の大きい人が多いと思います。しかしこれは、男女関係ないでしょう。

もう一つの条件は、**「同性に好かれている人」**。

経験則ですが、異性にばかり好かれている人は、口がうまいだけの人が多く、実際に仕事ができるかというと、そうでもないように感じています。言っていることと行動が伴っていないのです。

同性は行動を見ます。だから同性に好かれている人は、行動が伴っている、信用できる人と感じます。

好きになるのに見た目は関係ありません。なぜなら先ほども書いたとおり、見た目の気になるところはだいたい改善することができるからです。

見た目だけでなく、中身も仕事ぶりも、自分の努力で直していけるものです。なのに、変わろうという向上心がない人、「どうせオレなんて……」といじけている人がいます。そういう人は、「良い男性」とは思いません。

お金持ちかどうかも関係ありません。

お金持ちでも努力なく稼いだお金持ちには魅力を感じません。逆に本当に一生懸命、仕事を頑張っているのにうまくいかなくて、それでお金がないなら良い男性だと思います。お金がないなら、「お金がない理由」が大事です。

向上心と決断力に欠けている人は嫌です。仕事が嫌なら辞めればいいし、自分で選択できることを、人のせいにしている人は好きではありません。

誰のせいにもせず、**自分の人生に責任を持って、勇気を持って動ける人が「良い男性」の条件**で、そういう人と結婚したいと思います。

人間関係を深めるSNSの使い方

SNSは「情報の宝庫」。私はスマホを常に触っているタイプで、SNSばかり見ています。

人と会うときは、事前にSNSを見るようにしています。

わかりやすい例は、キャバクラのお客さま。私はお客さまのSNSもよく見ます。たまにSNSを一切されていない方もいますが、ほとんどの方はなにかしらやっています。ニックネームを使っている場合もあるので、見つからない場合は「SNSはやっていますか？」と聞きます。

お客さまについて、私たちはお店の中での様子しか知りません。しかしSNSを見ることで、その方の「普段」を知ることができます。

そのお客さまはお店の外ではどんな人なのか？　どんな仕事をしていて、どこに住んでいるのか？　なにが好きで、なにが嫌いなのか？

「普段」を知れば、お店でどういった対応をすれば良いかわかります。聞いてはいけないことを無邪気に聞いてしまう恐れも減りますし、逆に相手がどんなことを聞いてほしいかもわかります。

変に探りを入れながら会話するより、SNSを使うほうが圧倒的に早いと思います。

心地良い距離感を保つためにSNSの情報を使う

SNSは接客だけでなく、人間関係にも有効です。踏み込むべきでない境界線を見極められるからです。

たとえば先日、地方からあるキャバ嬢の子が突然上京していました。その目的を特にどこにも公表していなかったのですが、私は普段から彼女のSNSをチェックしていたので、なんとなくですが、その目的がわかっていました。

ふつうならこのような場合、会ったときに「どうして来たの？」「なにがあったの？」と、根掘り葉掘り尋ねるかもしれません。しかしＳＮＳを見て、聞かないほうが良さそうだと思ったことは聞きません。**あれこれ聞くのは、人の領域に立ち入る行為です。**

友だちでも、越えてほしくない一線というのはあるものです。「仕事、どうなったの？」「あの彼氏とどうなの？」……気になることがあっても、聞かないのがマナーだと思います。

いまの時代、必要な情報は検索すればだいたい手に入ります。「知らなかった」「悪気なかった」としても、不快な気持ちにさせてしまうこともあるかもしれません。面倒でも、そうならないように相手の事情を把握しておくことが、いまの時代の「礼儀」でもあると思います。

私はＳＮＳで人の近況を把握するということを、習慣のように行っています。根暗と思う人もいるかもしれませんが、実は根暗です。

きっと、それだけ自分は「人が好き」なのだと思います。それぞれの人生があって、感情があって、奥行きがある。

人ほど面白いものはありません。根底にあるのは、人に対する興味です。**人に対する興味を持つことこそが、円滑なコミュニケーションへの近道**のような気がします。

内面重視の時代になる

これからの時代は「内面の美しさ」も、ますます問われるようになると思います。

美容整形が一般的になってきたいま、誰もが平等にきれいになれます。「外見の美しさ」に差がなくなったとき、人間の魅力はどこで差がつくか？「それは内面の美しさ」にほかなりません。

たとえば、見た目はきれいなのに中身が伴っていない人を見ると、もったいなく感じます。

実際の**人間の魅力は「トータル」**です。中身と外見、両面合わさって判断されます。

そして、これはSNSにも言えることだと思います。アプリで写真を加工するのが当たり前になりました。いまは、まだ加工しているかしてないかがわかりますが、今後はどんどんアプリの性能が良くなり、加工してもわからなくなってくるかもしれません。

それに、バーチャルアイドルやバーチャルモデルなど、実在しない「人」も出てきました。こうなると**SNS上での「かわいい／かわいくない」の価値は低くなっていく**のではないでしょうか？　そのときはきっと、SNS上でも内面が大事になってくると思います。

努力している人や、すごい特技を持つ人、真面目な人、尊敬できる人など、内面の美しさを持つ人が人気になっていくように思います。

では、内面を磨くにはどうすればよいでしょうか？

それは、目の前の仕事を一生懸命、頑張ることだと思います。

大げさにものを言ったり、嘘をついたりするのではなくて、謙虚に自分がやるべきことをコツコツやっていくことです。

先ほどの「好きになる男性の条件」の項でも書きましたが、仕事は楽しいことばかりではありません。嫌なこともつらいことも、否応なしに経験することができます。それが、内面を磨いてくれるのです。

かつて私は、外見も内面も全て100点満点を取ることが成功だと思っていました。そして、それを目指すことが正しいことだと思っていました。

しかし『世界を変えた10人の女性』（文藝春秋、池上彰著）を読んで、その考えは変わりました。歴史に残るすごい仕事をした人たちも、みんなどこか「人間味」のある部分があるのです。

プライベートにひとクセあったり、仕事におけるこだわりをあっさり捨てているようだったり。完璧な人はいないのだということを強く感じました。

人は多面的で、なにが良い／悪いとも言えない。「ダメ」なところもあるから人は味わいが生まれるのだと感じます。

「大変なときこそ頑張る」のが私の美学

「ジェントルマンズクラブ」でのキャバ嬢時代、一番つらかったのは、キャバ嬢の仕事と雑誌の専属モデルの仕事を並行して抱えていたときでした。体力的にはもちろんのこと。二足のわらじ状態で、どちらも完璧にこなすのは大変でした。

変わらず毎日キャバクラに出勤していたのですが、撮影の時間は毎回不規則です。同伴のお客さまとの約束に間に合わず怒られたり、撮影時間が長引いて出勤できなくなってしまったりすることもありました。

それでも、「歌舞伎町ナンバーワン」と言っていただいている以上、売り上げは落とせません。毎日がプレッシャーで、2年連続で円形脱毛症になってしまいました。

そんなとき、ある人がこんなことを言ってくれたのです。

「大変なときこそ頑張ったほうがいいよ。大変なときに頑張ると周りと差がつくから」

その言葉が、当時の私には響きました。以来、それは私のモットーです。

誰にでも大変なときはあります。自分だけではありません。しかし、ほとんどの人が大変なときに挫折するのであれは、私は挫折しないで少しでも進みたいと思います。みんなが大変だと思うことは、乗り越えられる人も少ないということ。それならそのときこそ頑張れば、私にも勝ち目があるかもしれないと思うようにしています。

いまはこのように思っています。

頑張って意味ないことは絶対にない。

努力は裏切りません。仮にそれが結果につながらなくてもです。

昔は、努力したら必ず結果を出さなければと思っていましたが、いまは違います。もし結果にならなくても、その努力をしたという経験や記憶は消えません。ここまで努力できるという自信につながりますし、努力する方法も手に入ります。

そして、そのときに得た知識や技術は、いつか違う形で役に立つことがあります。まさに、私のこれまではそうでした。キャバ嬢としての経験が、アパレル会社の起業に役立ち、昼間の経験がキャバクラのリニューアルで役立ちました。

努力するのは大変です。でも、努力が大変でなかったら、みんな努力できてしまいます。みんながなかなかできないことだからこそ、やったぶんだけ成長するのだと思います。

自分以外を主役にする仕事

私はこれまで、写真集やフォトブック以外では2冊の本を出版しています。『キャバ嬢社長』と『昼職未経験のキャバ嬢が月商2億円の社長に育つまで』（ともに主婦の友社）です。

本書の執筆にあたり、この2冊を見返しましたが、自分でも変化に驚きました。

「えっ、こんなこと言ってたっけ？」と思うことがいっぱいありました。

いまも、私の考えは日々変わっています。これから数年経ったときも、おそらくいまとは違う考えになっているかもしれません。そのときこの本を読み返して、再び「えっ、こんなこと言ってたっけ？」と笑っている自分の姿が目に浮かびます。

しかし、私の人生はいつもそんな感じです。学校に行って勉強したわけでもなければ、経営やコミュニケーションを学んだこともありません（話し方教室は3回だけ行きましたが……）。

自分の中で努力が大事だと思って続けてきた結果、身をもって学んだことがいまの私を作っています。

1冊目の本はキャバ嬢から社長になって感じたことが中心でした。当時はいまより全然、仕事のことがわかっていませんでした。内容は学校にすらちゃんと行ってなかった私が、キャバ嬢という仕事を通じて、努力することの意味を覚えて起業した、という内容です。キャバ嬢から社長になったときの私の考えが書いてあります。

2冊目は会社を作って社長として働き始めてから感じたことが中心です。実際やってみると大変なことも多く、夜の世界と昼間の世界のギャップを感じていました。懐かしいです。

今回の本書は、前の2冊の本とだいぶ違っているかもしれません。若かったというのもありますが、特にプロデュースという仕事が私を大きく変えてくれました。

それまでも商品のプロデュースはしていましたが、それはほとんど名前だけのプロデュースです。自分で考えた商品ではなく、ほぼ宣伝するだけの仕事で、何かを考えることはありません。

しかし、現在のプロデュース業はほぼ私主体。自分で考えて行動し、日々プロデュース先の仕事がうまく行くように取り組んでいます。

プロデュースという仕事は**「自分以外を主役にする」**という仕事です。キャバ嬢もアパレルも自分がメインの仕事だったので、自分のため、自分の会社のためになにかをしていました。しかしプロデュースの仕事では、人のために動くことが私の仕事でした。

このプロデュースを通じて感じたことが、私を大きく成長させてくれました。それが、**「人のためになることをすることが、結局自分のためになる」**ということです。

いままでは「社長」と言いながら、社長らしいことはなに一つしていなかったかもしれません。自分中心の考えで、「スタッフをどう使おうか」「誰が使いやすいか」ということを考え、自分のやってほしいことだけを伝えていました。

しかし、それでは限界があります。私の会社はいまもスタッフが増えていて、これ以上増えると直接話せない人が出てくるでしょう。そのとき、自分中心の考えで、自分の要望だけを伝えていては、きっと会社はうまく回りません。

私のこれからの仕事は、みんなが働きやすい環境を整え、働いてくれる人のことを考えることなのだと思います。その際、先に相手の要望を聞くことで仕事がうまくいき、結果的に自分に跳ね返ってくるのではないでしょうか？

5年経って、やっと社長として踏み出せた感じがします。

私には、イタリアに住んでいる2歳年下の妹がいます。

私が自己中心的で、感情の起伏が激しかった「Emiria Wiz」初期の頃、一時期だけ会社でアルバイトをしてもらっていました。爆発しそうなときは妹に相談していました。何度も「やめたい」と話していました。

妹は私の歩みをずっと見てくれています。その妹から最近、こんなことを言われました。

「えみりは、『成長したね』って言われると、すごく喜ぶ」

思い返すと、昔は不安なときは妹にしょっちゅう「ねぇ、私、成長した?」とLINEをしていました。妹は優しいので、「成長してるよ! してるしてる!」といつも返してくれました。

「『頑張ってるよ!』『できてるよ!』でもなく、『成長してる』って言うとすごい喜ぶからさぁ!」

そう、妹は苦笑していました。

確かにその言葉は、私にとって、最高の褒め言葉で、私の心の大きな支えになっていたように思います。

おわりに

私は2019年3月をもって、キャバ嬢を引退しました。

これからも、みんなに「成長しているね」と言われるように、頑張っていきたいと思います。

独学でなんでもやりたがるので、遠回りすることも少なくありません。しかし、遠回りしたことも今後の人生のなにかの役立つはずです。

仕事をしていると、日々いろんなことがあります。想像もできないこと、常識外れなことも起こります。衝撃的すぎて、思考がストップすることもあります。

しかしそうしたことは仕事をしている以上、誰にでも平等に起こることです。

だから、遠回りでも大変でも、一歩一歩なんとか前に進む。そして、それに一喜一憂する。そんな人生が私らしいと思っています。

立派な社長は世の中にたくさんいます。そうした方々の本は、私の本より学ぶことがきっと多いでしょう。

本書を読んで「無駄だった」と思われる方もいるかもしれません。そういう方には大変申し訳なく思います。

しかし、私のようになにを勉強していいかわからないと感じている人もいることと思います。

私は不器用なので、「事前に何かを用意して対策する」ということができません。その代わり、なにかトラブルや不具合があったときは、絶対に解決しようと思っています。それがすごく大変なことだとしてもです。

そうやって身をもって学んだことは、ずっと忘れません。

だからこれからも痛い思いはたくさんするかもしれませんが、もうそれは仕方ない(笑)。

はじめにも書きましたが、「人間万事塞翁が馬」……こんなにピッタリな言葉があるなんて、知りませんでした。令和になっても相変わらずな私ですが、いまやっていることは、きっとうまくいくと信じてます。

毎日、私なりに頑張って、気長にラッキーを待つ人生。

これからも成長していく元キャバ嬢、愛沢えみりをよろしくお願いいたします。

最後までお読みくださり、ありがとうございました。

令和元年7月　愛沢えみり

愛沢えみり

Emiri Aizawa

1988年9月1日生まれ。株式会社voyage代表取締役。

歌舞伎町NO.1キャバ嬢として雑誌『小悪魔ageha』にスカウトされ、2011年に専属モデルとして登場。2013年に自身のブランド「Emiria Wiz」を立ち上げる。2015年、単独店舗を新宿に出店するほか、月間売り上げが2億5000万円を超え、話題となる。2019年3月30日にキャバ嬢を引退。

歌舞伎町のキャバクラ「フォーティーファイブ」、キャバ嬢のための情報サイト「maison de beauté」、美容クリニック「Venus Beauty Clinic」のプロデュースのほか、モデル、社長として活躍する。

Blog	https://aizawaemiri.com/
instagram	@emiri_aizawa
twitter	@emirio9o1
Emiria Wiz	http://emiriawiz.com/
maison de beauté	https://beaute.tokyo.jp/
Venus Beauty Clinic	https://venusbeautyclinic.com
フォーティーファイブ	https://fourty-five.com/

STAFF
編集協力　石井晶穂
装丁　坂川朱音（朱猫堂）
本文デザイン　坂川朱音＋田中斐子（朱猫堂）
校正　池田研一
DTP　横内俊彦

なにもない私が結果を出せた理由

前を向く力

2019年7月26日　初版発行

著　者　愛沢えみり
発行者　野村直克
発行所　総合法令出版株式会社
〒103-0001 東京都中央区日本橋小伝馬町15-18
ユニゾ小伝馬町ビル9階
電話　03-5623-5121
印刷・製本　中央精版印刷株式会社

落丁・乱丁本はお取替えいたします。

ISBN 978-4-86280-695-6
総合法令出版ホームページ　http://www.horei.com/